用 文 字 照 亮 每 个 人 的 精 神 夜 空

妖怪事典

王新禧 编著
〔日〕歌川国芳等 绘

天津出版传媒集团
天津人民出版社

图书在版编目(CIP)数据

妖怪事典 / 王新禧编著 ;(日)歌川国芳等绘 . --
天津 : 天津人民出版社 , 2023.6
ISBN 978-7-201-19336-6

Ⅰ . ①妖… Ⅱ . ①王… ②歌… Ⅲ . ①鬼 - 文化 - 日本 - 图集 Ⅳ . ① B933-64

中国国家版本馆 CIP 数据核字(2023)第 071730 号

妖怪事典
YAOGUAI SHIDIAN

出　　版　天津人民出版社
出 版 人　刘　庆
地　　址　天津市和平区西康路 35 号康岳大厦
邮政编码　300051
邮购电话　(022)23332469
电子信箱　reader@tjrmcbs.com

责任编辑　李　荣
装帧设计　广岛 · UN_LOOK unlook-guangdao.com

印　　刷　北京金特印刷有限责任公司
经　　销　新华书店
开　　本　880 毫米 × 1230 毫米　1/32
印　　张　10.25
字　　数　328 千字
版次印次　2023 年 6 月第 1 版　2023 年 6 月第 1 次印刷
定　　价　78.00 元

前言

听到那声音，就会觉得似乎有什么东西在那里……你会按捺不住内心的冲动去幻想那东西是什么模样，虽然看不见，但你就是知道确实有什么东西在那里。来自个体遭受到监视或威胁的恐惧和直觉，妖怪就是这样诞生的。

——水木茂《妖怪天国》

“妖怪”一词，在江户时代由中国传入日本，在此之前，日语里皆以“化物”或“物怪”称之。日本是号称有八百万神的国度，妖怪数量多到令人汗毛直竖。其源头与分类，是从中国道家撷取“物久成精”的概念，造就了自然界各种动物或植物妖怪。抱持着“万物皆有灵”的宗教观，日本每一座城市、每一个乡村，甚至每一条街道，大到庙宇楼阁、小到锅碗瓢勺，都有着属于自己的神明与魔物。如此众多的妖怪，正是长久以来潜藏在日本人内心深处的神秘主义倾向的具体呈现。这些大大小小、形形色色的异界生物，一起构成了日本光怪陆离、众说纷纭的妖怪世界。

那么为何日本会有如此体系庞大、内涵丰富的妖怪文化与妖怪系统传承呢？追源溯流，远古洪荒时代，人们的生存空间狭小，白天，必须面对野兽环伺、危机四伏的丛林和原野；每当夜幕降临，无边无际的黑暗又将人们吞没。人们在种种未知中，对抗着隐藏于自然界背后看不见的神秘力量。这一外在条件，孕育了妖怪传说滋长的先天环境。

日本，又是一个多山面海的国家，地形狭长、森林繁茂，火山、地震、海啸等地理因素造成的自然灾害频发。对于大自然创造与毁灭这两种伟力，弱小的人类必然既感恩又敬畏。原野、江河、深山，都是人们难以把握的存在。看不见、摸不着、无法控制的力量，无形无质的事物已经超越了人类常识所能理解的范畴，可这总得有个说法吧？总需要有个解释灾厄、处理恐惧的阐述吧？诸神由此诞生。人们以此来解释未知之物，安慰心底因未知而产生的恐惧与无力感。然而对超自然伟力的敬仰，总是带有双重性。光明的、善意的、温暖的力量，人们敬之为“神”；但神衰落后而产生的黑暗的、恐怖的、诡异的恶之力量，又如何解释呢？神因此被分为了好坏两面，恶的一面聚集了人心巨大的妄念，便成了妖怪。

早期的原始神话和怪谈，都是人类原初的惊梦与恐惧，伴随着先民质朴的生活，显得率真、坦荡，并无机巧与花样百出。这是因为日本的神，最初并没有人的性格特点，只是具有强大的自然神的特征。山川草木、风霜雪雨皆有其灵。但在5世纪到8世纪的国家体制形成过程中，由于天皇和贵族们希望统治阶级获得超越世俗的非一般的地位，于是将他们的祖先和神联系到了一起。日本的神便开始有了人的性格特征。

绵延进入封建时代后，日本的社会形态以农耕为主、渔猎为辅，乡农野老们闲暇之余，围坐在田间地头，听着虫鸣蛙叫，将祖辈留下来的幻想传说当成枯燥生活的调剂品，各自在口头进行添油加醋的再创作，一个个糅合着泥土韵味的民间故事就这样生成了。妖怪的主题自然是其中的大热门。人们怀着对未知的好奇，探索尝试着，以各种妖怪的想象，来解读难明的事物，把不可解释的现象加以合理化，千奇百怪的妖怪传说使这个民族奔涌着幻化无常的鲜活血液。妖怪成了人与自然沟通的桥梁，成了天地万物和谐相处的平衡点。

公元5世纪，佛教从中国传入日本，一些神话故事也借由佛经东渡扶桑；随后，中国古典志异笔记也大量流入日本。佛教神话、古中国玄幻故事与日本本土妖怪传说嫁接结合，开始成为街头巷尾的谈资。

从此，拥有鲜明乡土特色和民族性格的东洋妖怪，由民间口耳相传发轫，在日本的每一个角落里生根、开花、结果，大规模、长时间地占据了日本文化舞台的重要一角。伴随着对灵异事物探索的好奇心，源源不绝的妖怪被“发明”了出来，也有众多源于中国的“进口货”被引进来，更有一大帮创造好手们杜撰出新的各式妖怪。妖怪越来越多，它们的身影从古代的民间传奇、浮世绘，逐渐来到当今的影视、动漫和游戏中，终于演变为一种文化风潮。

妖怪文化在日本文化领域的全方位渗透，是如此根深蒂固、如影随形，以至于日常生活里都离不开与之相关的俗语引用。比方传说中河童爱吃黄瓜，因此海苔卷黄瓜的寿司，就叫作“河童卷”；家里如果娶了个特别厉害的恶媳妇，就称为“鬼嫁”；说人生了个“天狗鼻子”，那是在批评人家骄傲自满；如果说“鬼生霍乱”，是指英雄也怕病来磨；“把鬼蘸了醋吃”，则是天不怕地不怕的同义语；中国人所说的“猫哭耗子假慈悲”，在日本叫作“鬼口边念佛”；而在立春的前一天，日本还要举行“撒豆驱鬼”的活动，诸如此类，不一而足。因此可以说，妖怪已经成为沉淀在日本人意识底层的东西，随时都可能从生活中跳出来。

在人们年深日久的积累和整理下，谱系完整、类别繁多的“妖怪世界”成形了。一向以认真刻板著称的日本人，自然而然地将妖怪作为一门专门的学问去研究了。19世纪，最先采用“妖怪学”这一术语的“明治妖怪博士”——哲学家井上圆了（1858—1919），站在打破迷信的立场上、以科学精神研究妖怪，点燃了近代日本妖怪学的火种。他投入巨大精力研究妖怪，1891年，创立了妖怪研究会，开设讲坛，刊行妖怪学讲义录，大力从事启蒙工作。他在《妖怪学》

和八卷巨著《妖怪学讲义》中深入考察了不同的妖怪，就此开启了针对妖怪的有体系研究。“妖怪”也变成了一个常用且具有学术意义的词汇。

妖怪学在日本民俗学研究系谱下，也占据了一块重要的位置。民俗学家们非但没有将妖怪视为异端，或是人性的阴暗面，反而对妖怪有着极其浓厚的兴趣。著名的妖怪民俗学者柳田国男（1875—1962）即是其中一位。他是日本从事民俗学田野调查的第一人，他认为妖怪故事的传承和民众的心理与信仰有着密切的关系，通过分析说唱故事和民间故事，即可了解本已无法知晓的玄异世界。他将妖怪研究视为理解日本历史和民族性格的方法之一，其代表作品《远野物语》以民间奇谈的方式，描绘了一个充满原始自然气息，迥异于都市空间的妖异之地，详述了天狗、河童、座敷童子、山男等妖怪，使他们声名大噪。1939年，柳田国男编撰了《全国妖怪事典》，涵盖了日本大多数妖怪的名目，为后世的妖怪学研究开启了一个更广阔的视野。柳田国男一生思想精华，皆集中于《妖怪谈义》《民间传承论》《国史与民俗学》等书中，迄今仍是研究日本妖怪学与民俗学的必读著作。

研究妖怪学，与其说是一种私人性的书房夜戏，倒不如视其为探寻人生意义的一个切口。所谓“百鬼”，其实正是人性的种种缩影，恰似临水照人，映出自身。竭力向未知的灵异领域进行探索，从人文角度而言，具有相当正面的意义与价值。

正因为妖怪学的盛行，世界上仅有日本将“妖怪”作为一门大学问来研究，也只有日本，在其美术史上，为妖怪画留出专门的位置。别看日本的妖怪千奇百怪，可实际上真正见到妖怪真面目的人，根本就没有。绝大部分的妖怪活在人们的心中，只是自我绘声绘影的想象，而且每个人想象的妖怪形貌都不同，莫衷一是。为了统一认识，方便民间鉴别这些妖怪，于是便有了“妖怪造型师”这个职业，说通俗点，就是妖怪绘画师。

妖怪画的开山祖师，是室町时代的土佐光信（1434—1525）。在他之前的数百年里，日本一直在学习中国的绘画作品，主要借鉴作为佛教画引入的“唐绘”，代表作有上品莲台寺的《过去现在因果经图》，正仓院的《鸟毛立女屏风》，药师寺的《吉祥天女画像》等。这些佛教绘卷为以后的妖怪题材绘画提供了可参考的素材。经过三四个世纪的民族化演变，日本至平安时代逐渐形成了自己的一套风格形式，称为“大和绘”。到了室町时代，南宋水墨画对日本美术影响巨大，日本在此时开始形成“幽玄、空寂”的水墨画风。幕府专门有绘制妖怪画的画家，他们搜奇集异，根据各种传说描绘出妖怪形象，供皇室和贵族赏玩。其中最著名的，乃正统大和绘画家土佐光信。他运用流畅、生动且极具庶民风格的笔触，将妖怪传说视觉化，以充满平民生活情趣的意境、生动传神地描摹出妖怪的奇形异貌。他的代表作《百鬼夜行绘卷》笔触流畅细腻，极具幽异意蕴，是日本艺术史上的国宝级作品，对后世的妖怪画产生了重大影响，导致后来者皆自觉不自觉地沿袭此种画风。

土佐光信虽然开创了妖怪画的先河，但要论在该领域成就最高者，非江户时代的鸟山石燕（1712—1788）莫属。日本人今天所熟知的诸多传统妖怪的造型，都是受鸟山石燕创作的影响。

桃山时代，日本绘画摒弃简约、朴素、淡薄的风格，转向黄金为色的富丽美。到了江户时代，经济繁荣，市民文化盛行，妖怪绘卷也如读本小说般，迅速勃兴。画界兴起了以“怪奇图鉴”来展示妖怪的潮流。鸟山石燕出身优越，有较好的物质支持，因此能够抛开俗务，隐居于江户根津，奇思天外，专事妖怪题材的创作。他承袭与土佐光信同时期的绘画师狩野正信、元信父子创立的“狩野派”画风，并从《和汉三才图会》及民间故事、文人著作中搜集了大量素材，仔细梳理成系谱，而后倾一生心力，完成了《画图百鬼夜行》《今昔画图续百鬼》《今昔百鬼拾遗》《百器徒然袋》这四册妖怪画卷，合共描绘二百〇七种妖怪，确立了今日我们所见到的日本妖怪的原型，并由此广泛影响了后世的妖怪画创作。

以往日本民众虽然常听妖怪故事，但对于妖怪的模样，还是各凭想象，没有一致的认知。鸟山石燕的四册画卷，如同“妖怪教科书”一般，将鬼怪按各自的特征、习性、属性分门别类进行展示，每一册页，都介绍一两种妖怪，清晰明了，使得妖怪形象具体化、定型化、常识化。民众通过细腻逼真的画卷，将纯文字描述的想象，转变为直接的视觉认知，既广泛认识了各种妖怪，又满足了求知欲和好奇心，并随之接受了这一整套的形象设定。一个个跃然纸上的妖怪，并非人们想象中那么恐怖、凶恶，而是有着与人类一样情感、一样爱恨情仇的活生生的精灵。从鸟山石燕开始，民众心目中的妖怪形象得到了统一，大家都说：瞧，某某妖怪就是长成这副模样的。

有规模意识的集束式创作、同主题下的开枝散叶，当然还有囊括天下精怪的宏大野心，在江户时代长期和平与市民经济繁荣的加持下，勃兴的妖怪画创作出现井喷。江户时代坊间出版了许多描写怪谈的书（类似明清时期的笔记小说），书中的插图多以木刻版画为主，葛饰北斋所绘的木刻画《百物语之图》是其中的精品之作。葛饰北斋（1760—1849）是活跃于江户时代后期的浮世绘画家，葛饰派的创始人，也是化政文化极具代表性的人物。他一生热衷于民间创作、痴迷于町人艺术，有着超越同时代画家的创造力与描绘力。其作品追求形式美和主观表现，用墨酣畅、色彩简朴，以想象力大胆著称，从设色到构图，颇多个性创造，对浮世绘发展有很大的推进作用。人间百态、百器百具、名胜古迹、雨月花雪等世相风情，经由他的观察与描摹，都鲜明地翻腾于浮世浪花之上。他自号“画狂”，在风景画、美人画、读本插图、花鸟画、妖怪画等画域均有杰出的佳作问世，尤其是奇想天外般的妖怪画，葛饰派独有的遒劲有力的笔调，结合西洋的透视画法，生动地再现了“忽然出现”的鬼魅姿态，为世人所惊叹。其中最能代表北斋风格的《阿菊》《阿岩》《笑般若》《辘轳首》《近世怪谈霜夜星》等，抓住传说中最扣人心弦的细节进行描绘，充满诡异与动感，迄今仍是日本妖怪画的国宝级代表作。

另一位浮世绘巨匠歌川国芳（1798—1861），和北斋一样，亦属热衷于将神怪冒险传奇进行戏剧化加工的超现实主义绘师。他从小因给身为印染坊商人的父亲帮忙，故对色彩和绘画产生浓厚兴趣。少年时期，他拜歌川国直、版画大师歌川豊国为师，1814年出师后取艺名为歌川国芳。在数十年的绘画生涯里，他创作了大量妖怪画，成为个中高手，深受好评。其作品构图新颖，以逼真并张力十足的画面感见长，充溢着怪异与丰沛的奇想。画中各色鬼怪争相现身，白骨之梦、鬼怪之绘，丝丝入扣、栩栩如生。画面更承袭了武士绘的传统风格，着色明暗交作，淡墨晕成的黑云、朱砂点成的红唇，风格繁复、细腻浓烈，格外受人欢迎。代表作有《歌声中的妖怪》《龙宫玉取姬之图》《怪物忠臣藏》等。歌川国芳还因为画猫而著名，他在家中、作坊里，到处养猫，日夜与猫相伴，观察猫的习性、形态、动作。他的猫画，是浮世绘中公认的大家精品。

歌川国芳的弟子月冈芳年（1839—1892），青出于蓝而胜于蓝，是一位富有传奇色彩的浮世绘画家。他将江户时代浮世绘的传统发扬光大，以西洋的素描、解剖、透视等技法，融入浮世绘创作，用所谓“究极”的手法进行“武者绘”“美人绘”“无惨绘”“历史绘”的创作，获得了“最终的浮世绘画师”的美誉。血腥凄怆、大胆多变的画风，更使他被戏称为“血腥芳年”。其妖怪画前后期风格有所不同，前期注重画面的动感与冲击力，后期则渐归平淡雅致，代表作《新形三十六怪撰》，号称“以新的视角和手法为妖怪立传”，把东西方绘画的长处完美地结合在一起，人物精准、意态跳宕、构图灵动，深得其师国芳之精意，加之又是芳年晚年的老练之笔，利用挥洒热情的书法式用笔，墨色老辣、雕摺精美，大大增加了画面的运动感，明朗、舒展又不乏凝重，被誉为“神品”。此外《和汉百物语》与《月百姿》，也是芳年无与伦比的杰作。

到了幕末明治时期，天才浮世绘画师河锅晓斋（1831—1889）成为妖怪画领域坐第一把交椅者。河锅生于下总国的藩士之家，七岁开始得歌川国芳启蒙，九岁时就敢在河边素描漂流的人头。这种迥异常人的行径，似乎正预示了他注定要创下妖怪画的新高峰。后来他又师从狩野派，并深受北斋影响，仅靠寥寥数笔，便能活灵活现地表达出人物神韵与动作。那一幕幕罗列鬼怪的画面，如行云流水般自然、如天马行空般奔放，饱含着异世界的活力。他还从东西方绘画风格技巧中广为吸吮养分，逐渐形成了独树一帜的“晓斋流”。观者赏其画，如《幽灵图》《晓斋百鬼画谈》等，仿佛能感觉到一股力透纸背的森森阴气，冰凉彻骨。人们因此说他本身即带有鬼气，并誉其为“末代妖怪绘师”。

尽管科学与理性已经支配了当代世界，但妖怪或许离人类并不遥远。那些曾经被我们忘记却依然存在，被我们遗弃却依然生长的各色妖怪们，透过交错写意的二维空间，从与我们平行的另一个世界活生生地跳将出来。本书从中着意拣选出近百名妖怪，结合近二十位妖怪画大师的传世画作，共同向读者们描述一个个或惊悚或伤怀或奇趣的灵异传说。这许许多多让我们叹气、惊恐、顿足、动容、思索的迷离故事，与其说是谈鬼说怪，不如说是描摹人间景象。悠长的人生道理，狡黠地隐藏在简单平淡的故事后面，借着怪诞画面的展示，喧嚣地粉墨登场。它们的姿态是梦一样的境界，众生相被绘在狞狰的面具下，等待你洞悉后伸手揭开。在这充满妖气的罐装世界里，于一笔一画间感受现实残留下的终极魅影！

注：文中提及的部分图书暂无中译本。

目录

一 神怪篇 001

二 鬼怪篇 025

三 女妖篇 059

四 山海之怪篇 117

七 动植物之怪篇 241

八 人里之怪篇 275

一

神怪篇

稻荷神／天狗／后神／白粉婆

神怪类妖怪，指的是那些由神灵蜕变、分化而成，但身上还保留着神性的妖怪。这类妖怪的智慧往往比人类更高，还拥有一些神的法力，在特定的时刻和场合，还会像神一样保护或者惩罚人类。

稻荷神

お稲荷様

世上再没有任何动物比狐狸更具有神秘色彩了。或许是因为经常出没于山林田野，它的敏捷形体、机智行为以及与人类之间的互动，使得人们相信狐狸可以修道成仙、成妖，佑人祟人，故而总是抱着敬畏的心态来看待狐狸。在日本拥有广泛信仰层的稻荷神，原型就是狐狸，也就是中国北方传说中的“狐大仙”。

日本人只要一提起狐狸，立刻就会联想到稻荷神社。日语中的“荷”与中文一样，是负荷、背扛之意，“稻荷”即“背负稻子果实”的意思。古代日本家猫很少，在稻田里捉老鼠主要靠狐狸，所以农民相信狐狸是农耕神派来保护收成的护粮神使，会传达神明的旨意，并保佑四季平安、五谷丰登，而且狐狸具有预知能力，人们根据供品上留下的咬痕，可以占卜捕鱼量；向狐狸嗥叫的方向去捕鱼，可得丰收。狐狸的嗥叫声还可预警海浪、火灾、骚乱等。因此人们将狐狸当成食物神与丰收神，高高地供奉了起来，并敬称之为“稻荷神”。如果狐狸跑到家中，全家人都会奉若神明，任其自由活动。据说得道的狐狸懂得通灵，还能替人医病或消灾解厄。

不过，也有一说认为狐狸只是受稻荷神差遣的

歌川国贞笔下的稻荷神

使者，其本身并不是稻荷神。必须注意的是，成为稻荷神的狐，与一般的狐妖、狐精是全然不同的两回事。

稻荷神原本具有农耕神的特质，中世以后，稻荷信仰与佛教相融合，尤其是与真言宗密切关联，又衍化增加了医病神与福神的信仰。现今日本已进入了商业时代，商人们也同样传承着对狐狸的崇拜。只要作物丰收，商业也必然会跟着兴盛，所以许多日本企业也祭拜稻荷神，借此祈求财运亨通、鸿盛昌隆。他们不但认为稻米是财富的象征，更看好狐狸的聪明智慧、精于谋算，实在是商业领域的最佳“代言神”。

稻荷信仰的包容性使其成为信众广泛的“福德之神”。专门祭祀稻荷神的稻荷神社在日本相当普及，日本共有八万个神社，其中稻荷神社的数量就高达三万多家，最重要的是位于京都伏见区的伏见稻荷大社。相传伏见是狐狸主神的所在地，著名的弘法大师空海在伏见寻找道场时，深入荒山遇到大雾，迷了路，绕来绕去怎么也走不出去。正在饥寒交迫之时，有一只狐狸浑身放出光芒，在前面引路，将弘法大师救离深山。弘法大师感念大恩，便设立稻荷大社来纪念稻荷神。

始建于711年的伏见稻荷大社，是全日本稻荷神社的大本营和稻荷信仰的中心，其地处皇都东南方，又位于狗熊出没的道路旁，朝廷认为它既守护皇都，又庇佑人民不受狗熊侵害，故而对其尊崇有加。社中除了处处可见口叼稻穗、高高在上受信徒膜拜的狐狸雕像外，还有最具特色的“鸟居”。鸟居有些像中国的牌楼，但只是

稻荷神社 长谷川贞信 绘

用一些树干或石柱支起两根横梁，柱子外面涂成统一的红色。它只是一种象征，并没有鸟类在内居住。如果某些企业效益好，就会向神社敬献一座鸟居，感谢稻荷神的庇佑。稻荷大社大殿前已经有了几千座鸟居，分成数排，从山脚一直排列到山顶，构成了一条四公里长的山门“隧道”，十分壮观。

稻荷神社祭祀的主神，称为“宇迦之御魂神”，在日文中的汉字写作“仓稻仓魂命”，是掌管粮食和稻米生长的大神。虽然史料中没有明确记载，但人们大都认为稻荷神是女性，所以稻荷神社的祭典多半由女性来主持。稻荷祭日一般在初午节（二月的第一个午日）

举行。届时各地信徒如潮水般涌来，曾有一首和歌记述其盛况云：“遥望稻荷坂，朱红鸟居晃，原是人浪翻。”可见民众稻荷信仰之虔诚，祭典场面之壮观。

值得一提的是，据说狐狸很喜欢吃油豆腐皮，所以油豆腐皮是祭祀中必不可少的供品。日本料理中有一种豆皮寿司，外表浅棕黄色，鼓鼓圆圆的，系在用油炸过的豆腐皮中，放入米饭、鸡肉、香菇、胡萝卜等食材做成，味道酸甜，传说稻荷神最好这一口，因此这种寿司被称为“稻荷寿司”。

天狗

てんぐ

"天狗"一词来源于《山海经·西山经》："阴山……有兽焉，其状如狸而白首，名曰天狗。"最初的天狗是可以御凶的吉兽，后来演变成形容彗星和流星，古人将天空奔星视为大不吉，所以天狗也变成了凶星的称谓。在日本，最早关于天狗的记载见于《日本书纪》，因其形貌也被称作"天狐"，相貌与《山海经》中所述形象相差无几。佛教传入日本前，天狗的形象属于"鸦天狗"——鸟形尖嘴，有一对大翅膀，圆瞪双眼在天空中巡行。这时天狗是山岳森林信仰的化身，人们在这一奇异形象上，寄托了对山的神秘感的崇敬。此后从镰仓时代起，日本的天狗就慢慢走上自己的演变之路，并最终衍化成日本山林妖怪中最具震慑力的代表。

天狗随着唐朝商人漂洋过海，传入日本后，融入了当地的山岳信仰，在列岛上渐渐成了气候，并开始本土化。其本土化的源头，有多种说法。第一种认为修行未臻火候、态度傲慢的山僧，由于仍带着对世间的执着而不能顿悟，无法往生极乐，但他们因有佛性，又能免于堕入四道，却也不能升入天道，故而被放逐至六道轮回之外的"天狗道"，以天狗的姿态转生。

《怪物画本》之天狗 李冠光贤 绘

第二种说法认为天狗代表了古代日本人对流星的恐惧与敬畏，并套用了中国神话中的天狗这个名称。《日本书纪》中记载着钦明天皇时，曾有夹带着巨大雷声的流星划过天际。僧旻对天皇说：那不是流星，是天狗（流星にあらず、これ天狗なり）。这时的天狗意象虽没有明确地被指出，但根据僧旻所说的天狗的读法，应该可以认为天狗一词进入日语之初时，并非人的形象。

第三种说法是天狗是古代中国传到日本的一种叫“天草”的药材的音变，这种叫“天草”的植物日文读作“てんぐさ”，它不同于日本地名、人名中“天草”あまぐさ的读法，由于这种植物传到日本后很快传播开来，“てんぐさ”的名字也就叫开了，传着传着“てんぐさ”就变成了“てんぐ”，转化成日文汉字就是“天狗”二字。而日本式的则读作“てんこう”，日文汉字也作“万骨坊”。

第四种说法则认为日本天狗的来源，可能是曾于天之八衢迎接天孙降临而被封为旅途之神的猿田彦命。《古事记》中描写他相貌怪异、面色如红酸浆，与天狗形象颇有几分相似。

日本天狗的最后一种形象来源，来自修验僧。古时不少修验道的信徒幽居于深山中，进行艰苦的修行。在其他人眼里，他们的生活方式和持之以恒的修行，使他们渐渐地与山之灵气相融合，获得了超人的神通力，成为大圣者。人们慢慢地将修验僧当成了山神的化身，而修验僧为了宣传及强化他们的信仰，用天狗来命名。天狗因此便有了守护神的形象。这位守护神经常栖息在杉树上，所以杉树在日本人眼中也属神树，杉树信仰由此延续了下来，每个神社的参拜道两旁，高大的杉树都郁郁葱葱，蔚然成荫，被看作是具有灵性的、十分神圣的存在。

日本是一个以山地为主的国家，善于幻想的大和民族出于对深幽山林的恐惧，所以将天狗的居所世世代代都设置在深山里。同时对本应是神明的天狗进行了很大程度的扭曲，先是外貌的改变：镰仓时代的《是害坊绘卷》描绘了天狗与天台宗僧侣大战，结果败退的景象。在这个故事里，来自中国的天狗军团向日本的天狗求援，但是日本的天狗摆出一副傲慢的态度，即日语中所谓的“自慢”“鼻高高”。由此可见，最初天狗鸟喙人身的形象，到了此时就转变为“鼻高天狗”，其最大的特征就是长鼻子。而内容丰富的《今昔物语集》中亦有十则关于天狗的故事，天狗会幻化成佛、僧、圣人等，可以说是从文学层面上，确立了天狗的新形象。这种形象是佛教传入日本后，排斥原有天狗形象的结果。

最终，天狗的诸般形象开始融合，并形成了一个被广泛认同的固定形象：它们非鸟非人亦非犬，脸通常是大红色，大长鼻子、威严怒目，手持宝槌或者团扇，穿着修验僧服或武将盔甲，脚踏高齿木屐，腰际配有武士刀，身形十分高大。天狗一般都住在深山里，背后生有双翼，可以自由地翱翔于天空。修行高的天狗几乎无所不能，具有难以想象的怪力和神力，不但能改变天候，引发诸般自然现象，还能使用各种幻术，变作人、动物或虚幻的景色。它们的剑术也很高明，还有着令人恐怖的念力，举手间就能将人类撕成碎片；其手中的团扇只要轻轻一挥，便能卷起强风，将许多棵大树连

歌川国芳笔下的源义经与天狗

根拔起，或者引起冲天大火。具有这般神通力的天狗，堪称是神怪中的武者了。

天狗的形象在日本经历了一系列变化，与之相应，其身份也不断改变，有山神、修验僧、妖怪等，从中既可看到日本神道教的影

子，亦有佛教传入日本后的影响。特别是原先被佛教排斥的天狗信仰，通过积极吸收佛教教义，与佛教产生了部分融合，最终形成了神佛共处的局面。如此一来，天狗被视为怨灵的说法开始减少，渐渐转变成了民间信仰的神祇。

从早期传递凶兆的妖怪，转变为自然的守护者，这并不表示天狗是可驯服的。一旦得罪它，它也会变回作祟者和施暴者。说明天狗形象中也有阴暗残忍的一面。

不过，作为山野神性与诡秘性的具象化表现，天狗比其他妖怪的地位多少要高一些。它并不只代表恶登场，还有相当多时候是以善的形象出现的。这些“善天狗”暗中守护着修行的僧人，并保护上山朝拜的人们免于意外。其中最有名的大概就数鞍马山天狗了，它是鞍马寺本尊多闻天王在夜晚时的化身，具有除魔招福的伟力。源义经年仅七岁的时候，鞍马山天狗收留了他，教他武功、兵法和法术，最终使源义经报仇雪恨，成就了一番大事业。而在净土宗妙庆寺的传说中，天狗变成了一只老鹰，被孩子们捉住拿到市集上贩卖。向誉上人买下了老鹰，带回寺院后为它治伤讲经，然后放生。天狗为报答救命之恩，在某天晚上变成一个白发老僧来到妙庆寺，送了一块刻有保护文字的木片给上人，从此妙庆寺便不受火灾侵扰。因此，天狗也被看作避火之神。

中国的传说里，日食、月食现象被说成是“天狗食日”“天狗吞月”，日本天狗虽然并不吞月，却时常在满月时出没于深山中吃人。所以古时日本的老者都会叮嘱小孩子不要在十五月圆时到山谷里乱跑。日本到现在仍有许多这样的禁山。到了后世，更产生了天狗出现便会招致天下大乱的说法。其中最著名的是在保元之乱中战败，于流放中含恨而死的崇德上皇的怨灵所幻化的金色大天狗，被称为“白峰山相模坊大天狗”，世世代代为日本人所畏惧。此外，日本爱宕山的太郎坊天狗也十分出名，在天狗界声名赫赫。当年弘法大师的高徒真济在爱宕山修行，在惟乔亲王与惟仁亲王的皇位之争中，真济偏向惟乔亲王，与惟仁亲王派的天台宗僧人惠亮展开咒术大战，哪知一着不慎，败下阵来。心存怨恨的真济化成天狗，不断骚扰成为清和天皇的惟仁亲王一族，最后魂归爱宕山，以“太郎坊”的名号，担当爱宕山伊邪那岐神社的守护者。

正因为天狗是日本妖怪中相当强悍的一种，具有高危险性，而且情感起伏大，所以对于一些离奇事件或无法解释的现象，人们也往往把账算在天狗头上，于是就有了“天狗倒”“神隐”“天狗笑”“天狗砾”等传说。比如纪州笠山的天狗常与净土寺的真誉上人来往，有个叫善兵卫的人听闻此事，便特意去到净土寺，想见识见识传闻已久的“天狗倒”。真誉上人将此事转告给天狗，天狗便在柱子上张开翅膀，顷刻间房屋摇撼震响，天地山川也随即跟着震动，恐怖至极。善兵卫见识到“天狗倒”，被吓晕了过去。等到真誉上人将他唤醒后，他便慌忙狼狈不堪地逃下山去。至于“神隐”，顾名思义就是被神明（天狗）隐藏起来了。据说天狗会把迷失在森林中的人拐走，所以日本古人称小孩无故失踪的事件为“神隐”。当失踪的孩子在数月甚至数年后被找到时，地点大多在难以攀登的高山、大树上，他们言之凿凿地称是天狗背着自己飞到了山上、树上，并且还能流畅地说出在外地的见闻，令大人们惊讶无比。而那些不再回来的孩童，则被认为永远留在了天狗的身边。宫崎骏名作《千与千寻》的日文原名，就叫《千と千寻の神隠し》。这种推论，可能

歌川豊国笔下的源义经与天狗

与天狗的法宝“隐身蓑衣”有关，这再次显示了天狗在日本人心中亦正亦邪的性情。而“天狗笑”，指的是天狗能洞悉人心，当它探查到人心里的秘密时，就会大声地说出来，并哈哈地发出嘲笑声。这也是天狗让人们非常害怕的一种本领。此外，在幽寂的山谷中，

有时会突然刮起一阵疾风，紧接着地动山鸣、砂石乱飞，这就是天狗经过时扬起的“天狗砾”。如果被这种石头砸到，一定会生病，并且在山中会长期打不到猎物。

天狗的数量极多、谱系繁杂，据《天狗经》记载，曾有125500

只天狗居住在松元，所以在天狗中也有类别和等级之分。一般而言，天狗道行越高，鼻子也越高。大魔王崇德上皇是它们的最高首领，然后依次是雷天狗、大天狗、小天狗，而鸦天狗和木叶天狗则是最底层的下属。雷天狗道行高，是具有最强力量的天狗王。而鸦天狗的数量则最多，因其外形酷似乌鸦而得名，是大、小天狗的手下，有着乌鸦般的尖嘴，也有对翅膀，两脚如鸟爪，可以站立，和中国的雷震子造型颇为相似。它们浑身黑色，手持武器，经常在山林中袭击人类。木叶天狗则如鸢一般，双翼展开可达一米以上，尻有尾羽，擅长捕鱼，但没有任何神力。

后神

うしろがみ

日语中有句俗语："後ろ髪を引かれる"，字面上直译为：脑后的头发被拉拽，引申含义为"恋恋不舍"。日语里"髪"与"神"同音，"后神"的称谓就是从这句俗语中汲取灵感得来的。

后神（うしろがみ）是个头顶上有一只圆圆大眼、四周头发向后飘散、下半身无足的女妖，专门附身于胆小鬼或优柔寡断者身上。后神尤其喜欢吹走行人手中的伞，或吹散独身女子的发髻，令人惊慌失措又不明所以。

虽然喜欢拿凡人寻开心，但后神本质不坏。井原西鹤的《西鹤织留》卷四中，曾提到被供奉在三重县伊势神宫的后神，为了挽救来神宫参拜的父母和他们孩子即将破裂的关系，站在父母背后劝和，从而挽回了父母子女间珍贵亲情的故事。

うしろ神ハ、憚病神のつまゝうしろ
おまあるく身ふし怨駭とて
後まありて、人のうしろかミを
ひくといふ

后神 鸟山石燕 绘

白粉婆
おしろいばばあ

古代日本青楼女子所供奉的神祇里，有一位爱搽红粉的脂粉仙娘，白粉婆（おしろいばばあ）就是脂粉仙娘的侍女。她的传说流传于奈良县吉野郡十津川，以及北陆的石川县一带。她脸色苍白，腰弯得很厉害，喜欢穿一身雪白的和服，手拿拐杖和化妆盒，会在下雪的夜里，头顶大斗笠，以和蔼可亲的老婆婆的面目出现。

爱美之心人皆有之，日本女性自古便喜欢白皙的肤色。当容貌姣好、没有化妆的素颜美女，在路上不巧遇见白粉婆时，白粉婆便会满脸堆笑，从化妆盒中取出自制的白粉（类似胭脂的化妆品），卖力地推介起来，称此粉能让女子变得肤如凝脂，更白皙、更漂亮。少不更事的年轻女子往往受到欺骗，为了美丽，在连卖带送的哄骗下，毫无戒备地将白粉涂抹到脸上。然而这种白粉一旦上脸，美女的整张面皮就会在瞬间脱落下来，轻易地失去了美貌。而年老的白粉婆就乐滋滋地将美女的面皮收为己用。

当然，身为脂粉仙娘的侍女，白粉婆也不是只干坏事。相传在室町时代，长谷寺住持请来全国各地有名的工匠，在正殿塑一尊观音巨像。一天，足利将军的军队来到寺中强行征粮，住持和工匠们都

《怪物画本》之白粉婆 李冠光贤 绘

忧心忡忡。当军士们闯入后院准备抢走存粮时，惊讶地看见一个白衣女子正在一口水井边，低着头洗一粒米。那小小的一粒米，从水中捞起再放入桶中，便奇迹般地出现了满满一桶米。军士们愕然不已，女子身上又现出一圈光芒，军士们吓得磕头如捣蒜，再也不敢抢粮。等军士们离开后，白衣女子缓缓抬头，那张脸上涂着厚厚的脂粉，正是白粉婆。她虽然冒充观音，但在荒年时保护了寺院的粮食，也算做了一件好事。

二

鬼怪篇

酒吞童子／茨木童子／般若／黑冢鬼婆／丑时参／桥姬

日本的鬼怪类妖怪，起源于「隐」，隐即阴，起初指不可见本体的、祸害人类的邪恶妖怪，后来特指头上长犄角、口中生獠牙，居住在异界，以人类或动物为食，会给人间带来巨大灾祸的东洋本土恶鬼

酒吞童子

しゅてんどうじ

酒吞童子（しゅてんどうじ），又名酒颠童子、酒天童子，是活跃在日本平安时代的几大名妖之一，与九尾狐、大天狗并列为古日本三大最厉害的妖怪。

作为能力强大的妖怪，酒吞童子拥有强硕的身躯：身长六米，虎背熊腰。喜欢饮血的他有着血红的面部，头上有五个犄角，头顶近秃，只有几撮凌乱的短发，并号称有十五只眼睛。以恶鬼的形态出现时往往穿着大格子织物的外衣，腰间系着野兽皮。而在人间为害时，酒吞童子则会幻化成有着英俊外表的少年，一般愚民看不到他的真身，因此便误认其为帅气俊俏的妖怪。

关于酒吞童子的记载，正史自然不着笔墨，但民间小说和画卷却多有提及，其传奇通过千年来的野史小说流传至今。《御伽草子》等小说记载，酒吞童子本是越后出身的小和尚，因为容貌俊秀招来诸多嫉妒和陷害，遂令其渐生恶念，不料恶念积累得过深，终于化为妖怪，后来被察觉到其恶念的高僧赶出寺庙。

在纷繁冗芜的诸多酒吞童子传说里，著名的“酒吞童子退治”事件，是最流行的（日本汉字中的“退治”，指“消灭、除去”之意），该传说在日

《大江山酒吞退治》 歌川芳艳 绘

本民间为民众世世代代津津乐道。

公元990年的平安朝，酒吞童子已经是百鬼之王。他在丹波国大江山上纠结了一伙恶鬼，私自修建了铁铸的大城堡，独霸一方。大江山距离京都的路途险恶遥远，却是进出京都的必经之路，行人在

妖怪猖獗的崇山峻岭中经过，完全无法保障安全。由于无人能够制服他们，故酒吞童子及其属下气焰嚣张，无恶不作。白天拦路劫掠，晚上则潜入富豪家中偷窃财宝，还掳走妇女和儿童作为他们的食粮，就连池田中纳言的女儿也不放过。这些得寸进尺、毫无顾忌的恶劣

《和汉百物语》之酒吞童子 月冈芳年 绘

行径严重影响了统治阶级和皇室的利益，令一条天皇感到震怒和忧虑，于是天皇命令当时十分有名的豪杰、大将军源赖光去征讨酒吞童子。源赖光身负降妖除魔的绝技，手下有并称为四天王的渡边纲、坂田金时、卜部季武和碓井贞光，再加上勇士藤原保昌，赖光聚集了六人的除魔队伍前往大江山讨魔。

出发前，他们特地去参拜了熊野、住吉和八幡三处的神社，以请求诸神的庇护。之后在途中有上千名的武士赶来相助，六人说："对手是魔物，如果去这么多人只会把它吓跑，去危害别的国家，还是用计策取胜比较好。"于是一行人继续前进，来到一个开满了樱花的山脚，在那里遇到了三位老人。

"你们是去征讨酒吞童子的人吧？请带上这鬼毒酒和星甲盔吧。但凡是鬼，都喜欢酒。它对人来说是妙药，而对鬼来说就是猛毒了。祝你们好运！"说完三位老人就消失了，原来他们就是熊野、住吉和八幡三处神社的神。这件事使大家十分振奋，他们继续进发，终于到达了恶鬼所在的城堡。

酒吞童子起初对他们的到来十分怀疑，源赖光谎称因为山间迷路而来借宿，并献上神酒以表谢意。在赖光的巧舌和美酒的浓香下，嗜酒的酒吞童子渐渐解除了戒备，下令设宴款待赖光一行人。席间酒吞童子斟上血酒要与众人共饮，为了消除其疑虑，源赖光等人强压着内心的悲痛和愤怒，爽快地喝下了以鬼怪们所掳少女的鲜血掺和而成的酒，并且不假思索地吃掉了席上的人肉菜肴。至此，他们争取到了酒吞童子的完全信任，妖怪们在鬼毒酒酒力的作用下，毫无戒备地睡着了。

见时机已到，赖光等六人遂换上装备开始斩杀已沉睡的众鬼怪。在酒宴上化身为美男子的酒吞童子不愧是鬼中的能者，于赖光拔刀的瞬间，竟然苏醒过来并现了原形，只见他三米多长的身子、火红的头发、头上生有五只角，狰狞可怕。赖光见状，大喝一声："我就是赖光，你纳命来吧！"随着喊声刀光一闪，酒吞童子的头颅被太刀斩断。但是鬼的头颅依然不死，飞舞在空中向赖光袭来。赖光立即取出星甲盔，挡住飞来的头颅并将它包裹了起来。据说酒吞童子的首级刀剑不能伤到分毫，只能将之火化，形成的黑云经久不散，径直飘往御所方向，直到经过大枝山老之坂时才降下。该地现今还残留有"首冢"。

就这样，六勇士成功地消灭了酒吞童子的鬼怪恶势力，解救了众多被掳掠的妇女和儿童，受到了天皇的丰厚奖赏。从此他们威名远震，妖怪闻风丧胆，京都一带的百姓生活又归于安定。

源赖光斩下酒吞童子头颅的佩刀名为"安纲童子切"，由于这奇特的经历，使它名振魔武两界，与名刀鬼丸国纲、三日月宗近、大典田光世、数珠丸恒次并称为"天下五剑"。

现在的京都依然还有以"酒吞童子"为名的日本酒，可见酒吞童子的传说在日本算深入人心了。

茨木童子

いばらきどうじ

罗生门，相信中国的读者都不陌生，同名的小说和电影，令这一地名人尽皆知。罗生门又名“罗城门”，是日本平安京最大的一扇城门。平安京整体上仿照中国的洛阳和长安建造，道路以棋盘式分布，最中央的朱雀大道将整个京都分为左右两边，罗生门就是位于朱雀大道最南端的一座城门。这座唐式飞檐朱柱三层的牌坊门楼，有足足九间七尺高（约18.5米）。每当夜幕降临，没有灯光的罗生门只剩下一个黑幢幢的巨大黑影，仿佛一座地狱之门矗立在朱雀大道的尽头。因而便有了传言，认为罗生门在夜晚时，充当了异界通道的媒介，夜半通过此门可以到达黄泉或其他未知的异界。有了这样的背景，人们自然深信罗生门上居住着鬼怪。罗生门之鬼，别名茨木童子，就是依附于罗生门上的著名妖怪。

茨木童子（いばらきどうじ），也被称为“大江山童子”，是平安时代大江山鬼王酒吞童子的弟子。他在日本有着宠物般的高级待遇，是大阪府茨木市的象征物，市内到处能见到其雕像。这个有着蓬蓬乱发、尖尖小角的妖怪，因为与名将渡边纲、名刀“鬼切”、罗生门等纠结在一起，得以名传后世。

茨木童子出生在古摄津国茨木村一户农家，他在娘胎内待了足足十六个月，刚生下来就有整齐的

豊原国周笔下的茨木童子

牙齿，还朝着母亲不停地怪笑。极度惊恐的母亲被他的异样吓得休克而死。因此，村里所有人都厌恶他，蔑称他是“鬼子”。

所幸，父亲还比较疼惜茨木童子，为他找了位乳娘喂奶。没想到他特别能吃，吸住乳头就不松口，瞬间就将乳娘的双乳吮至枯竭，乳娘害怕得当场昏厥。此怪谈一下子就在村子里传开了，全村人愈发觉得茨木童子是不祥的怪胎，村里的气氛变得紧张阴森起来。

在村民的歧视和抵制下，父亲已经没办法继续带这孩子了，也负担不起他巨大的食量开销。于是某晚父亲趁孩子熟睡，将其丢弃在九头神森林附近的一家理发店前。一直没有孩子的理发师以为这是神赐之子，便高兴地收养了茨木童子。

仅仅过了五年，茨木童子就长成了大人的体格。理发师夫妇决定传授他理发的手艺，让他在理发店里工作。刚开始，茨木童子表现得还不错。但有一天，他在用剃刀给客人修头发时，一不留神手一滑，刀锋弄伤了客人，鲜血流淌出来。茨木童子见到殷红的血，心底涌起一股莫名的冲动，立即用手指刮取客人的血舔了起来，血腥味竟令他感觉格外甘美。之后他每次理发时，都故意将客人弄出伤口然后舔食他们的血液。反复数次后，客人们互相告诫，都再也不敢来这家理发店了。

理发师夫妻俩愤怒于生意的冷清，严厉地斥责了茨木童子。受到训责的茨木童子伤心地哭了一晚，第二天一大早，他来到平时玩耍的小河边洗脸，站在土桥上想起昨晚被养父母痛骂的事情，伤心不已。猛地，他发现河水里映照出的自己的倒影，竟然呈现出鬼相！

歌川国芳笔下的茨木童子

吓傻了的茨木童子怔怔地站在桥上，往事一幕幕在眼前流过，他终于明白了自己并非常人，在人世难免会一再受到唾弃。于是，他顺从了命运的召唤，离开俗世，一个人躲进了丹波的深山里。那桥，也因茨木童子而闻名，被命名为“茨木童子姿见之桥”。

茨木童子躲进了深山，他的第二个传说也因此展开。他后来从丹波深山迁往大江山，投靠了妖怪头目酒吞童子，并担任了酒吞的副将。之后他就常常率领手下神出鬼没地劫掠附近的村镇和城市，地方官员和普通百姓们对他万般畏惧，一到黄昏，各家各户就关上门不敢外出，大街寂寂空如死城。

多年后，野性养成的茨木童子已成为酒吞童子的臣属首鬼。这一年，酒吞童子要在大江山修筑新山寨，需要大量物资。茨木童子自告奋勇，带着一批妖鬼来到平安京掳掠。某日傍晚，他游荡到罗生门附近，变身为美女，想要引诱有钱又好色的富商，借机勒逼金钱。

正巧，源赖光手下四天王之一的渡边纲自仕所返回自己宅邸，经过罗生门，见到茨木童子幻化的美貌女子正独自徘徊，便上前询问。茨木童子谎称新迁入京，居于五条府邸，因不熟悉道路，故踌躇不前。渡边纲见天色将晚，便扶女子上马，两人共骑向五条邸而去。

眼看快到五条，美貌女子忽然轻启朱唇，柔声说道：“妾身宅邸其实位于京城之外。”渡边纲问道：“那敢问小姐到底居住何处？”“妾身就住在爱宕山！”话音刚落，女子一把抓住渡边纲的发髻，借着夜色掩护，就要痛下杀手。

渡边纲的腰间正挂着赖光所赐的名刀“髭切”，他见事态紧迫，急忙拔刀出鞘，反手一挥，刀锋锐利，寒光一闪，“扑哧”一声已将茨木童子抓着发髻的手臂砍了下来。茨木童子怪叫一声，负痛逃往爱宕山。

名刀“髭切”因此事件，后来被改名为“鬼切”。

为了显示自己的武勇，渡边纲将断臂呈给源赖光，赖光使安倍晴明占卜之。晴明得出结果：渡边纲必须进行七日的“物忌”。只要度过七天，茨木童子拿不回断臂，就会法力全失，再也无法作恶了。

“物忌”是阴阳道中一种暂时断绝酒肉、不能见客的斋戒方式。于是渡边纲按照晴明的指示将断臂收入一个称为“唐柜”的柜子里妥善保管，己身则开始为期七日的闭关斋戒。

过了六天，太平无事。第七天头上，渡边纲的养母来访，养母对渡边纲有大恩，渡边纲不能不见，就将养母迎到屋里款待。谈话间，养母说要看鬼的断臂，渡边纲也不好意思拒绝，只好打开柜子把断臂拿了出来。养母拿着断臂仔细看了许久，忽然大声喊道：“哎呀，我的手臂怎么会在这里呢？”语毕，抓起断臂，乘风破窗，一溜烟逃掉了。原来，那养母就是茨木童子变化的。

后世因为这段典故，所以又把茨木童子唤作“罗生门之鬼”。他和渡边纲的传说主要被记载于《平家物语》的“剑之卷”、《御伽草子》，以及谣曲《罗生门》《大江山》、歌舞伎舞蹈《戾桥》中。

般若

はんにゃ

日本百鬼传说中的“般若”，与佛教《般若心经》中的“般若”完全不是同一个意思。佛教之“般若”是指佛的大智慧，是明白真理、认清事实之意；而作为妖怪名，则表示“愤怒的相”，更确切地说，是女怨灵因嫉妒而极度狂怒狂悲、从而扭曲的面相。

般若的日文读法是はんにゃ，属于典型的高危害性凶灵。其由来和产生，主要是因为心胸狭窄的女人的强烈怨念、恶妒和愤怒所累积而成。般若一般住在深山老林里，每到深夜就下山抢夺小孩吃。而且她会发出令人毛骨悚然的可怕笑声，婴孩听到这种尖笑，都会吓得啼哭。

般若也有类别之分，基本上分为笑般若（わらいはんにゃ）、白般若（しろはんにゃ）和赤般若（あかはんにゃ）三大类。以绝色美女形象出现的般若是最为险恶的，但许多人却往往被色相迷昏了头，对她们不加提防。其实要辨识她们很容易，其最明显的特征就是头顶有两只犄角，角的大小与其怨念成正比。当然，长发和女帽，会在平时遮掩这两只角。当般若蜕去美女外形，现出木相时，整个面部就会变得极为狰狞，尖尖的耳朵、额头上还有被称为“泥眼”的特征。泥

《百物语》之笑般若 葛饰北斋 绘

眼本来是女性成佛的表征，但到了这里却成为高贵女性因嫉妒而产生激烈心理斗争的表现。再加上宛如蛇样裂开到耳旁的大嘴，令般若看起来像是在狂笑一般，任何人见了都会魂飞魄散。

“叹妾魂兮空飘荡，云游西东无定时，盼结裾端兮息魑魅……”这首和歌出自日本著名的古典小说《源氏物语》，所说的就是关于般若的故事。至此，“般若”正式成为“嫉妒发狂的鬼女”的代名词。

话说平安时代有一位贵族光源氏，长得是眉清目秀、风流俊俏，倾倒了不少女性。他一生爱过众多女子，但处处留情的做法，必然给那些女子带来伤害，绝色美女六条御息所就是其中一位。六条才貌兼备、遍晓诗书、风姿绝世，16岁时便位列东宫，备受太子宠幸。无奈皇太子早逝，本来风光奢侈的生活骤然间陷入阴暗，她只得和小女儿相伴度日，过着清淡顺和的寡居生活。就在此时，光源氏出现了。

高冠博带，广袖长襟；白衣胜雪，温润如玉。风仪与秋月齐明，音徽与春云等润。这，就是平安时代的公家，高傲又不乏优雅，远比日后幕府时代迂腐不成器的公家强得多。光源氏就是这样一个为世人所美誉并令女性无法抵挡其魅力的男人。六条原打算守贞寡淡度过余生，面对光源氏，却禁不住怦然心动，被其深深吸引，终于越过界限，刻骨地爱上了他。

然而皇室贵族妻妾成群是司空见惯的事，初识的缠绵温存过后，花心的光源氏渐渐冷落了六条，又娶了很多侧室，去宠爱更多的女人。从小便在溺爱中长大的六条，矜持骄傲，自觉高贵万分，当然无法接受和容忍光源氏的移情别恋。她非常苦恼，想不通为什么会沦落到如此地步？渐渐地，在憎恨光源氏薄情的同时，也将嫉妒之火发泄到了光源氏正妻葵上以及光源氏的另一个情人夕颜身上。在爱恨交织的苦楚、如火燃烧的妒意、极强极烈的怨念驱使之下，她的心灵时常漂浮游荡、迷离恍惚，最终竟然灵魂出窍，心魔变身成了生灵般若。

所谓“生灵”，是指活人被某种意念强烈困扰但无法排解，终于导致其元神脱出肉体，代自己去完成某种夙愿。

嫉妒，既强大又难以把握。从般若现世的那一刻开始，京城再难有皎洁月色。她夜夜侵进葵上的寝宫、侵进葵上的梦中，恐吓威逼，折磨谩骂。养尊处优的葵上几时受过这等惊吓？再加上已怀有光源氏的孩子，身体虚弱，不多久，就被般若活活害死了。

接着，般若又将目标瞄准了夕颜。她相信，只要光源氏身边的美丽风景全部消失，那时，他一定会回来认错。因此，般若那双怨毒的红眼，每晚子夜都准时出现在夕颜的枕边，随时准备用妒火将夕颜焚成灰烬。

光源氏因为葵上之死，已经有所察觉，此际听闻夕颜又受到恶灵骚扰，立刻招集僧侣，企图通过祈祷来驱除恶灵。但由于那嫉恨过于强烈凶猛，任凭什么手段都无法阻止。夕颜也像失去水分的鲜花般，慢慢地枯萎死去了。

在这期间，六条却丝毫没有察觉自身已化为生灵祟人。每当睡梦醒来，她总会发现自己长长的黑发上沾有从未闻过的焚香气味，对此，她全然不知是何缘故。其实那正是诅咒葵上时所焚之香的气味，她的内心在完全意识不到的时间里，跨越深层意识空间，化身为般若去了葵上寝宫。直至后来夕颜死去，六条才得知那些事是自己无意识的化身所为。她原本贤淑善良，因此极难原谅自己的堕落。深感愧疚的她出于对自己潜意识中恶念的恐惧而削发出家，希望通过虔心祈祷赶走内心深处郁结的恶灵怨念。在苦修多年后，终于驱走了心中的恶灵，般若的面皮自然地脱落，六条由内到外都恢复了原貌！

后来日本著名的剧作家世阿弥根据这个故事，创作了名为《葵上》的谣曲，通过摄人心魄的音乐、惊悚压抑的表演，淋漓展现了般若在仿佛永久凝铸的鬼面下，那为情所役的无尽悲哀。

黑冢鬼婆

くろづか鬼女

镰仓幕府时，在京都的某公卿府邸里，有位名叫岩手的乳母。她殷勤忠实地照顾着府上的千金，一手将小姐抚育长大。她视小主人如同己出，呵护备至，与小主人有着血浓于水的深厚感情。

可是，在那个战乱频仍的年代，疫病横行、缺医少药，即使贵为公卿之女，也难逃病魔纠缠。小姐不幸身染重病，久治无效，身为乳母的岩手为此心疼不已，她下定决心，无论如何都要治好小姐的病。于是她去请教一位据说相当灵验的占卜师，占卜师告诉她："要治愈小姐的病，必须用孕妇的新鲜生肝当药引才行。"岩手虽然认为这是件很残忍的事，但看到小姐痛得死去活来的可怜样子，她就把心一横，决定外出寻药。临行前，她忍痛将自己八岁的亲生女儿托付给他人照顾。但是孕妇的生肝并非易得之物，岩手找遍了邻近的地区，依然找不到。她就起程向远方去，不知不觉来到了奥州安达原。安达原远离人烟，是一片无边无际、空旷寥落的荒野，放眼尽是蒿草，道旁有一栋用奇岩怪石堆成的岩屋，供行旅者暂歇落脚。岩手就在岩屋里住了下来，等待孕妇经过，伺机下手。

安达原荒凉萧瑟、人迹罕至，连普通旅人都很少经过，更何况是孕妇？但岩手坚信有志者事竟成，她日复一日地耐心等待着，就这样度过了十年

黑冢鬼婆 鸟山石燕 绘

的漫长岁月。

一个晚秋的日暮时分，一对年轻的夫妇来到安达原，要求在岩屋留宿一晚。男的名叫伊驹之介，女的名叫恋衣，已经怀有身孕。当晚，恋衣忽然腹痛起来，这是快要临盆的前兆，伊驹之介连忙跑去邻近村落寻找产婆。岩手见机不可失，手持柴刀冲进屋中，杀害了恋衣。

恋衣完全没想到会飞来横祸，她临死前一把抓住岩手，幽怨地说道："为了寻找自幼在京都分别的母亲，我才来到这遥远的奥州，谁知今日命丧此地。既然命该如此，我拜托你一件事。"说着从怀里取出一道护身符，交给岩手，又说："这是当年我母亲离开京都前，交给我的纪念品，如果你能见到她，就代我跟她说一声，我好想念她！我母亲是京都公卿府里的乳母。"说完气绝身亡。

岩手听闻此言，如五雷轰顶，望着手上的护身符，呆若木鸡。天哪，这正是自己十年前离开京都时交给女儿的信物啊！因为多年未见，且怀孕使得恋衣脸型肿胖，自己竟没有辨认出亲生女儿，而且连尚未落地的孙儿也一起害死了。

在极度的惊恐与伤悲刺激下，岩手发狂发癫，变成了可怕的鬼婆。从此，凡是因为迷路前来求宿的旅人，无论是谁，都被她杀害。

数年后，周游诸国的云水僧东光坊佑庆，路经安达原，见天色已晚，便在事先不知情的状况下，前来岩屋借宿。屋里出来一个骇人的老妪，白发蓬松，目光凄厉，盯着佑庆上上下下打量，把佑庆瞅得心里直发毛。

进屋后，佑庆暗暗纳闷：这老妪为何单独住在如此荒凉之地？附近并无人家，她又以何为生？虽然满腹狐疑，但想到只是暂借一宿，明日便走，也就没有进一步探问。

此时天寒地冻，屋里寒风凛冽，老妪要出门捡点柴禾回来生火。临走时，她郑重告诫佑庆，千万不可窥视岩屋里边的石室。

但人的好奇心总是强烈的，越是要保守的秘密越守不住。见闻广博的佑庆在老妪离开后，心里越想越奇，终于忍不住推开了石室门。登时，一股浓烈的腥臭味扑面而来，佑庆定睛一看，石室里赫然堆满了许多残缺的骷髅、尸骸。

东光坊佑庆大惊失色，这才想起，可能是遇到传说中的安达原鬼婆了，急忙三步并作两步，奔出门口逃之夭夭。

鬼婆回来后，见到石室门洞开，佑庆已不知去向，顿时勃然大怒，露出了狰狞的面貌，纵身疾行，死命追赶佑庆。她速度快极，又熟悉这一带地形，渐渐地撵上了佑庆。佑庆本就疲乏，加上紧张害怕，已是上气不接下气。眼看着走投无路，他索性停步，取出观世音菩萨尊像，喃喃念咒祈祷。三遍经文诵过，观音像突然显灵，飞向天空，发出炫目的光芒，把荒野照得通明。鬼婆双眼被强光刺照，无法睁开。说时迟那时快，佑庆一抬手，以白真弓连发三簇金刚矢，将鬼婆当场射死。

好心的佑庆在鬼婆丧身之处，建了观音堂，就是现在的天台宗真弓山观世寺。寺外有鬼婆的坟墓“黑冢”。

丑时参

うしのときまいり

丑时，即凌晨一点到三点，传说中此时是地狱之门开启，鬼怪、幽灵活动频繁之时。

丑时参（うしのときまいり），又名“丑时之女”，因其固定于丑时出现，前往参拜山林的神社得名。她是日本又一知名鬼女，凶残、狠厉。

据说丑时参标准的穿着是身披白衣，胸口挂一面铜镜，脚踩单齿木屐，脸上涂抹着朱红色的粉底，嘴里衔一把木梳，头顶三根点着了的蜡烛，蜡烛代表着感情、仇恨、怨念三把业火。火势越大，则丑时参越凶恶。在没有月光的夜晚，其头顶的蜡烛显得更为幽暗、恐怖。

日本人的灵魂观分为三种：洁净的灵魂，成为氏神；受到子孙祭养但还留有死者污秽的灵魂，称为“荒忌之灵”；没有子孙祭养、死于非命、留有极深怨恨的灵魂，即是怨灵。而女性成为怨灵的化身在日本似乎已成了“传统”，她们基本上都是因为“被侮辱与被损害”，才产生了强烈的情绪波动，如嫉妒、悲痛、怨恨、偏执等，并且深陷其中难以拔脱，然后又经过一个称作“生成”的过程，就直接化成了残虐的妖怪或厉鬼。丑时参也是如此。

《新耳袋》记载，丑时参并非单身一人，还带着一名小孩，这是她的亲生女儿。原来，丑时参本

歌川国芳笔下的丑时参

是天皇的妃子，唤作佑姬。佑姬貌美非凡，本来十分得宠，但是当天皇的另一个妃子任子生下了敦平亲王后，佑姬就被打入了冷宫，因为她生下的孩子是女婴广平，不能承继皇嗣。

遭到抛弃的佑姬满腔妒火，渐渐地，她化成了鬼女，全身呈现出红色的光晕。后来日本盛传丑时参常穿红衣就源自于此。

其实，所谓“怨”，不过是爱了，却得不到。长久以来，东方女性的身与心都不过是男人们的附属，呼之则来，挥之即去。像佑姬这样为爱生、为爱死、为爱成为怨鬼的女子，非恶非邪，不过是世间总被辜负、总被抛弃、总是受到无妄之灾的千千万万无力无助的女子的缩影罢了。

佑姬因爱生恨的怨气溢满皇宫，被阴阳师首领道尊所察觉。道尊早有异志，便想趁机利用佑姬所化的丑时参来杀掉天皇和敦平亲王。丑时来临，丑时参将天皇和敦平的形象扎成草人，正要咒杀，安倍泰成突然飞身而至，以五芒降妖术破解了诅咒术。

封建时代最重五德，佑姬竟敢犯上作乱，还阴谋杀害储君，罪重难赦，天皇罚她流放荒原，并在头顶箍上一个金轮铁环，称为“五德轮”，警戒她必须时刻牢记“温良恭俭让”五德。可笑封建礼教压迫无助女子，还要大讲道学。

汝负我命，我还汝债。以是因缘，经百千劫，常在生死。可怜佑姬从此只能以丑时参的负面形象驻留于山林间。她不仅切齿痛恨抛弃她的天皇，更恨、更嫉妒那横刀割爱的女人。她胸前挂着的铜镜里集结了几乎全部的醋意与怨气。倘若遇到某个女性，她就要低头看看镜子里的自己，要是对方比自己漂亮，就会引起她强烈的嫉妒心，从而向对方施草人诅咒之术。

其实，对付丑时参的诅咒，办法也很简单，只要能化解她的心结，诅咒就会消失。但千年累积的怨尤，又岂是轻易能解的?

桥姬

はしひめ

横跨宇治川两岸的宇治桥，是一座雄伟美观的纯日本风格桥，全长153米，兴建于大化二年（646年），是日本现存历史最悠久的桥梁。在宇治桥的西南方，矗立着“宇治桥姬神社”。宇治桥姬是长桥的镇守之神，古代日本人认为桥是从此端通往彼端的连系，寓意着从现世通往彼世的路途，所以，一直将桥视为心灵的归宿。作为桥神的宇治桥姬，也被人们赋予了掌管结界、防御外敌和抵御疾病的重要神职，并庄而重之地祭祀膜拜。

桥姬的传说，随着时代的演进，有着各种不同的版本。她有两种形态，一种是桥神，另一种则是鬼女。

先说守护女神桥姬。其原型来自《源氏物语》中的美人宇治大君及其妹妹浮舟。在古语中，“桥姬”一词也作“爱姬”讲，即正妻之外的侍妾。读过《源氏物语》的人，可能都会记得最后的“宇治十帖”，“桥姬”就是其中的第一帖。源氏正妻三公主的私生子熏，深深迷恋着宇治大君，但大君不为所动，只是把异母妹妹浮舟介绍给熏。后来宇治大君染病，以处女之身死去。熏为此痛悼不已，感叹地称她为“宇治桥姬”。日文里“宇治”与“忧愁”同音。大君年纪轻轻就撒手人寰，未曾深爱已无情

歌川国芳笔下的桥姬

的残酷，令熏唏嘘万千。

后来熏将浮舟作为大君的替代，以寄托深情。但浮舟虽容貌与大君相似，性情和出身却大不相同。她是宇治亲王奸污一个婢女后所生，长大后，又因身份卑微被人退过婚。可以说，她是一个可怜人。而熏也只是把她当成感情替代品，并非真正爱她。浮舟在遭到源氏继承人熏和匀宫亲王的玩弄后，又被熏遗弃于荒凉的宇治山庄。当时浮舟遥望着宇治长桥，抱着悲伤的心情，写了两首歌，一首是："浮舟随叠浪，前途不分明。桥长多断石，不朽语难凭。"另一首是："我已投身在泪川，谁置木栅阻急湍？故人抛我成永别，此生弃置掩心扉。"这个弱女子最终忍受不了现实的无情，纵身跃进了水势汹涌的宇治川中。

"宇治十帖"从大君写起，至浮舟跳水自尽结束，宇治桥就象征着生死界，守护桥的女神桥姬与大君、浮舟就有了必然的联系。后世将大君与浮舟合二为一，将这一时期的桥姬，塑造成一个为爱守候、为情等待的美丽女神形象。恋爱的苦恼及思念的甜蜜，被书写在与桥姬有关的大量和歌或诗文里，如"恩情无断绝，艳似桥姬神，恐有孤眠夜，中宵泪沾襟"等，升华为一种"神性的诗意美"。

此外，还有传说认为，宇治桥姬和八幡大神是爱侣关系。八幡神每晚都沿着淀川、濑田川、宇治川前来与桥姬约会。桥姬也夜夜坐在桥头，翘首期待八幡神到来。每天凌晨时分，宇治川的波涛最为澎湃激涌，人们都说，那象征着他们情到最浓时。

至于以鬼女形象出现的桥姬，见于鸟山石燕《画图百鬼夜行》

里。都说水性为阴，湿气深重的河川，常生幽魂鬼魅。在那图中，雷鸣电闪、风雨交加，一个披头散发的女子，半身隐没于桥桩旁的河水里，怒睁双眼，似恨似怨；紧咬双唇，嘴里吐出妒恨之烟，头上燃着阴嫉之火，面部表情因炽烈的嫉妒而变得丑陋狰狞。她就是鬼女桥姬，因为被丈夫欺骗，所以心生恶念与杀意，投身宇治川中变成了厉鬼。这背后还有一个传说。

嵯峨天皇时，在一个名叫樋口的地方，住着大地主山田左卫门，他的妻子是公卿之女，两人间的关系马马虎虎。左卫门在别处偷偷包养了一个妓女，其妻知道后，屡次质问斥责左卫门，但左卫门总是闪烁其词，并不与妓女分开。

一天傍晚，左卫门又去了妓女那儿，妻子获知后，妒火中烧，心里寻思着怎样才能报复可恶的丈夫。思前想后，决定去拜神求指点。

她来到贵船神社，祈祷道："贵船大神，我愿此身化为恶鬼，杀死负心人和那个讨人憎的荡妇，报仇雪恨！"连续七天，妻子都虔诚地做这样的祷告。第七天晚上，她在神社过夜，中宵时朦胧一梦，梦中出现一位神官，对她说："我来帮你实现愿望。你将头发分为五缕，分别编成五个角的形状；然后头上顶着三脚铁圈，身着红衣，面涂朱丹，手持铁杖，怒形于色，前往宇治川。以此姿态浸于宇治川二十一日，就能变成厉鬼了。"

左卫门的妻子非常高兴，依言打扮起来。而后向宇治川走去，凡是见到她样子的行人都吓得惊慌失措。二十一天到了，妻子果然在满月之夜变成了骇人的女鬼。她张牙舞爪，飞奔入城，想早日杀

桥姬 鸟山石燕 绘

死可恨的左卫门和他的情妇。

再说左卫门，晚间做了一个噩梦，次日便请阴阳师安倍晴明解梦。晴明说："一个满心嫉妒的女鬼会在今晚来取你的性命。你赶快回家，沐浴洁体，而后待在屋内，抛除私心杂念，全心念观音咒。其余的事情，我来处理。"左卫门慌忙跑回家闭门守戒。

正午时，鬼女来到左卫门家，踏破寝室的窗户，站到左卫门的床边，嘴里叫嚷着："无情郎，你贪图新欢，忘却旧爱，令我整日以泪洗面，怨天尤人。此时此刻，我就要取你的性命，彻底做个了断。"说完，就要动手。

说时迟那时快，只见一道五芒神符"嗖"的一声从床边划过，安倍晴明从墙角阴影里现出身形。他念动驱妖咒，声声紧迫，压逼鬼女。鬼女哪里是头号阴阳师的对手，落荒而逃，左卫门捡了一条命。这个故事后来演化成能乐的谣曲《铁轮》。

鬼女情仇难复，怨气郁结不散，愤恨地从宇治桥上跳水自尽，变成了"桥姬"。如果晚上有男子过桥，桥姬就会出现，用尽媚态去诱惑男子，将其勾引到水中淹死；由于强烈的嫉妒心作祟，那些长得漂亮的女子过桥的话，桥姬也会强行将其拉入水中溺死。在此，桥姬已非温婉生香的女神，也不是只会无可奈何、凄凄哀哀的弱女子了，而是"臭男人敢移情别恋，我就给你好看"的悍妇！

三

女妖篇

青行灯／骨女／姑获鸟／雨女／文车妖妃／二口女／百目鬼／飞缘魔／古库里婆／哭女／笑女／朱盆／高女／络新妇／青女房／雪女／阿菊／阿岩

女妖在日本妖怪中所占的比例，压倒性地多过男妖。她们的共同特征是传递了日本『物哀』文化特有的『悲叹美』。那些被侮辱、被伤害、被抛弃的女性，由于不甘成为牺牲品，在离世后，以郁结不化的深深怨恨，对抗着不公正的人世。她们的存在，表明了执着的怨怼与詈诅才是真正如影随形的恐怖！

青行灯

あおあんどん

青行灯这种妖怪，本无实体，因此外貌变幻不一，通常是以年轻女子的形象出现。她手提一盏青色灯笼，幽碧的灯光照得脸上惨白一片；长发披散，神情木然，双眼突出却无神，全身散发着腐败的气息。

青行灯白天在冥界门口徘徊，一到夜里，就飘浮在地面上，到处寻找进行“百物语游戏”的人，用青灯吸取他们的魂魄。她手中的那盏纱制青灯，系以“魔界之竹”为灯柄，灯笼中散发出柔和但十分明亮的青绿色光芒。夜晚时，青光幽幽地跳动着，映得人眉目皆碧。

青行燈
燈きえんとして又あきらかに
影憧々としてくらき時
青行燈といへるものあらはるゝ事
ありと云むかしより百物語をなすものは
青き紙にて行燈をはる昏夜に鬼を
談ずる事なかれ鬼を談ずれば怪いたるといへり

青行灯 鸟山石燕 绘

骨女

ほねおんな

生时被人欺辱、蹂躏、抛弃的女子，含恨而死后，凭着那股刻骨铭心的执念驱动着自己的骨骸重新回到人世，化为厉鬼向人索命，这就是“骨女”（ほねおんな）。

顾名思义，骨女就是完全的一副骷髅模样的骨架女妖。她与中国《聊斋志异》中的“画皮”十分相似——原形都是丑陋的女鬼，为了掩饰真面目，平时只好用人皮将自己伪装成大美女。

骨女原见于小泉八云的作品：有个叫十郎的人，因忍受不了贫穷的生活和妻子离了婚，与一位有钱、有地位的小姐结婚并做了官。但新的生活越来越让十郎厌倦，他怀念起整日在家织布的贤妻。数年后，十郎在一个夜晚回到家中，妻子没有一点怪罪他的意思，反而殷勤地接待了他，这令十郎激动得热泪盈眶，但他的邻居却看到了极其惊骇的一幕，与十郎相拥的，竟是一具黑发骷髅……其实十郎的妻子早已饥寒交迫而死，但等待丈夫的意志、对爱人的眷恋，使她化为骨女，以骨骸之形继续守候着她的丈夫。

又有一种骨女的传说，来自浅井了意的《牡丹灯记》。在盂兰盆会的晚上，一个叫荻原新之丞的年轻男子正在赶路，忽然看见一个手持牡丹花灯

骨女 鸟山石燕 绘

的美丽女子站在前边，两人目光交汇，立刻坠入爱河。从此，那名女子每晚都去新之丞的家中，两人情意越来越浓。然而新之丞的身体却每况愈下，不仅越来越消瘦，面色也如死灰般难看。直到有一天，住在新之丞隔壁的邻居发现他竟然对着一副白骨柔声细语地说着情话，赶忙如实告知。新之丞吓坏了，想用经文和护身符来保命，但最后还是被骨女杀害。

骨女虽然躯壳死去，却带着对这个世界的某种执念，即使肉体腐朽了，灵魂依然附着于冰冷的白骨上。因为只剩下一堆骨头，所以骨女会用人皮来伪装自己，平时的仪态是一位穿着露肩长襦袢的妖艳美女，以美艳的姿色引诱男人。必要时，她还会特意露出部分白骨惊吓恶人。

尽管骨女的杀气和怨念都很重，但她只对那些薄幸不良的男性进行报复，而不会去伤害无辜善良的人。有些骨女情深义重，甚至还会回到生前的爱人身旁。在爱情催化的作用下，骨女在爱人眼里仍旧是生前的容貌和声音，但在周围的人看来，便是一堆白骨，相当可怖。

姑获鸟——うぶめ

在古日本的很多地方，产妇因难产死去时，产婆会剖开产妇的腹部，取出婴儿，然后让产妇抱着婴儿下葬。姑获鸟（うぶめ）就是死于难产的妇人，又名产女、夜行游女、忧妇女鸟。由于尚未见到孩子便已死去，身为人母的执念历久不散，使她化作了妖怪。旧历的正月十四晚，日本人要打扫家里的便所，点上明灯，在月出时进行祭祀，就是针对姑获鸟而进行的。

这位在日本小说家京极夏彦的《姑获鸟之夏》里大出风头的女妖，一般以下半身染满鲜血的妇人形象出现。她能够吸取人的魂魄，所居住的地方充满青白色的磷火。白天时，披上羽毛即变成类似于青鹭的姑获鸟。到了夜晚，脱下羽毛就化作妇人，在人类的聚居地出没。

产女的来源可追溯至大子神及母子神明，其传说无论在何地，都永远与“母子”二字紧密相连。由于失去了自己的孩子，所以产女最喜欢夺人之子据为己子。可是将孩子养到第七天后，她又会妖性大发，吃掉孩子，然后再去偷抢别的孩子。据《天中记》记载：如果哪个有婴儿的家庭，夜晚忘记收回晾晒的婴儿衣服的话，一旦被产女发现，就会在上面留下两滴血作为记号，然后趁

姑获鸟 佐胁嵩之 绘

人不备，掠走这家的婴儿。不过产女非常怕狗，如果家里有狗，她就无法下手。

产女每掠得一个婴儿，都会抱出来夜游。她怀抱里婴儿的啼哭声就化成了姑获鸟的叫声。此时，她原先秀美的脸上交织着迷茫、痛苦、悲伤、怨恨等复杂的表情。透过这些表情，人们可以看到，其实，她只不过是一个想多陪陪孩子的可怜母亲罢了。

产女如在十字路口遇到行人，会拜托他们帮自己抱抱孩子。待行人接过孩子后，产女就会突然消失，这时孩子会变得像岩石般沉重——不过如果能够坚持抱住的话，就能遇到幸运的事情。在《今昔物语》中，卜部季武随源赖光到美浓去，在途中便遇到了产女。产女以为季武可欺，就请他抱抱自己的孩子，季武一接过婴孩，立刻觉得重如铁石，但他毕竟是赖光四天王之一，一声不吭，咬紧牙关抱着越来越重的婴孩大步向前走。产女这才知道季武的厉害，哀求他归还孩子，赖光毫不理睬，带着婴孩回到驻地，细看时，襁褓之中只剩下了三片金叶子。

在山形县的最上郡，也流传着一个类似的故事，只不过主角换成了一个叫金藏的年轻人。金藏一家过着困苦的生活，有一年的正月十四晚，他去便所，突然，一个披头散发的瘦削女子抱着婴儿出现了。女子请求金藏帮她抱一抱婴儿，金藏抱住婴儿后，女子顿时消失了。手中的婴儿越来越重，但金藏一直坚持着、坚持着，终于坚持到了女子再次出现时。原来她就是产女，产女向金藏表示感谢，并问他，想要钱还是要力气作为谢礼。金藏毫不犹豫地回答要力气。

《和汉百物语》之产女 月冈芳年 绘

第二天一早，金藏洗脸时，轻轻一拧，竟把毛巾给拧断了。从此所有重体力活对他来说，都轻而易举。他卖力劳动，很快便成了富有的人，“大力士金藏”的名气也传遍了四邻八乡。

另外，还有种说法，看到产女时不能表现出害怕或转身逃跑，如果能一动不动地待在原地，有时也会得到产女赠送的钱或丝织物。有的产女给人抱的婴儿，头部会渐渐变大，然后将抱着婴儿的人吃掉，所以不能用通常的姿势去抱，而要倒着抱，让婴儿头朝下、脚朝上。同时用利器抵在婴儿的脚上，这样婴儿的头就不会变大了。总之，无论出现何种情况，都必须抱紧婴儿并坚持住，这样才能得到产女的奖赏。

雨女

あめおんな

雨女（あめおんな）有呼风唤雨的能力。雨是大自然的恩惠，农业时代雨的重要性不言而喻，所以雨女的地位比一般妖怪要高。

雨天，一个女子立在雨中，如果有男子向她微笑，殷勤示意与她共用一把伞的话，那她就会永远跟着他。此后，哪怕外面阳光灿烂，该男子也会一直生活在潮湿的环境中，不久便会死去。因为普通人根本难以抵挡雨女带来的如此重的湿气。

《怪物画本》之雨女 李冠光贤 绘

文车妖妃——ふぐるまようき

文车妖妃（ふぐるまようき）本是一名艺伎，美艳无比、色艺双绝，十七岁时被成明亲王宠幸。后来成明亲王即位，即村上天皇，文车也入宫成为天皇的宠妃。

当时，村上天皇的皇后是权臣藤原师辅的女儿安子，安子借助娘家的势力，频频干预朝政，天皇也拿她无可奈何。藤原家族一直想立安子的儿子为皇太子，村上天皇也希望能早得子嗣，但天不遂人愿，不但安子的肚皮不见鼓，后宫诸多佳丽也无一人怀有皇种。因此，谁能诞下第一皇子便成为宫廷上下最为关注的事情。

备受宠爱的文车妃就在这时有了身孕，并顺利地产下了第一位皇子。天皇喜慰万分，但宫里议论纷纷，认为艺伎之子要是成了储君，真是莫大的笑话。惊怒交集的安子更是妒忌非常，她联合娘家人，设计陷害并幽禁了文车妃，还把尚未满月的小皇子残忍地杀害，将尸身喂了狗。软弱的村上天皇面对安子的淫威，竟然不敢说半个不字。

文车妃因此疯癫，她精神恍惚、痴痴呆呆，口中反复念叨着儿子的名字。美丽的容颜憔悴了，盛开的花朵枯萎了，三年后，文车妃的生命走到了尽头。她临死前用鲜血写下恶毒的咒文，切齿诅咒卑

文车妖妃 鸟山石燕 绘

鄙的安子。失去意识的那个短暂瞬间，她积郁的怒气喷发而出，化作可以燃尽一切的火焰，灵魂就在这崩裂而绝望的红光中渐渐湮没。

此后，村上天皇又有了一个儿子——广平亲王，但广平在幼年就夭折了。紧接着，天皇的妃子、其他皇子接二连三地死亡，同时宫内还发生了许多怪异之事，人们都说是文车妖妃在作祟。天皇请来阴阳师驱邪，暂时保住了后宫的安宁。然而文车妖妃的诅咒并没有消失，960年，皇宫突然大火，整个皇宫被烧为平地，甚至连象征天皇的神器也化为乌有。

安子后来也有了自己的儿子，她虽然苦心孤诣，将儿子立为储君，太子却患上了严重的精神病，即位后只做了两年天皇（即冷泉天皇，967—969年在位），就不得不退位。他一辈子疯疯癫癫，受尽宫廷小人的白眼。据说这也是受文车妖妃诅咒之故。

二口女——ふたくちおんな

二口女（ふたくちおんな），是被饿死的婴儿附身的女性。她的特征是在后颈出现了一张嘴巴，这张嘴比脸部的嘴巴大许多，而且一口就能吞下一个人一天的饭量。平时这张嘴被头发遮盖住，当没有人，面前又有食物的时候，二口女就把头发变成蛇一样的触手，拿起食物，张开后颈的嘴巴，大口大口地吞食。

传说，千叶县有个男子，中年丧偶，续娶了一个心地很坏的女人。这个后母只疼爱自己亲生的孩子，对前妻留下的孩子百般刻薄虐待，连饭也不给吃，可怜的孩子衣食无着，活活饿死了。

这个孩子死后的第四十九天，他的父亲砍柴回来，手里的斧头不小心划伤了后妻的后颈，他们慌忙请医师包扎，奇怪的是这个伤口怎么也无法愈合，慢慢地，竟然变成了一张嘴的模样。更令人吃惊的是，嘴里连舌头和牙齿都有。只要把食物放进去，伤口就会变得丝毫不疼，可一旦停止吃东西，伤口又会创痛不已。后妻没办法，只有不停地吃啊吃，边吃还边对着空气不自觉地喊着“对不起！对不起！”这一切变故，都是因为她被饿死的前妻之子附体了。

ふたくちをんな

二口女 竹原春泉斎 絵

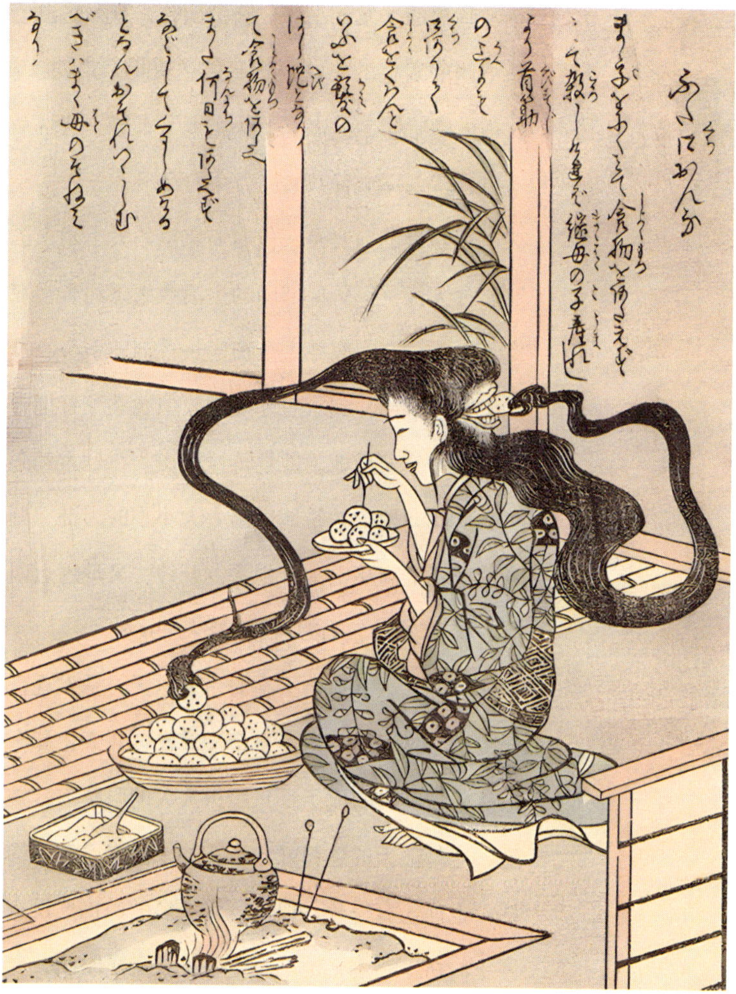

百目鬼

ふたくちおんな

乌黑的秀发几乎遮住整张面孔，宽大的白色长袍印满素色的小花，将身体包裹得严严实实。长袍内的躯体，上上下下都布满了眼睛。这就是“百目鬼”，一个有着绝色容颜的女妖。

百目鬼的前身是一位富商家里的大小姐，虽然衣食无忧，但压抑郁闷的生活令她感到非常寂寞、空虚。有一次她去金饰店买首饰，不小心带走了一件首饰，到家后才发现，但她并没有把首饰还回去，相反地，她觉得这样做实在是太刺激了。从此，她就频繁地进出大大小小的店铺，刻意偷窃各类商品，由于她穿着阔绰，又是远近闻名的首富之女，所以一直没有人怀疑她。

然而，人在做，天在看。有一天，她发现自己的手心里竟然长出了一个瘤，没过几天，那个瘤从中裂开，变成了一只瞪得大大的眼睛。她知道，这是上天的惩罚开始了。如果能迷途知返的话，也许还有得救，但已经偷上瘾的她仍然没有停止偷窃，终于，她全身上下都长满了眼睛，变成了百目鬼。

由于自责和内疚心理，成为妖怪后的百目鬼不再偷钱，而是专门用自己的眼睛去跟踪和监视坏人。那些心神不定或者做过亏心事的人，要是

百々目鬼
函関外史云ある女生れて
手長くしてつねに人の銭を
ぬすむ忽腕に百鳥の目を生ず
是鳥目の精也 名づけて
百々目鬼と云 外史ハ
函関以外のことを
しるせる奇書也
一説にどゞめきハ
東都の地名
ともいふ

百目鬼 鸟山石燕 绘

被百目鬼碰上了，百目鬼的身上便会飞出一个眼珠子，偷偷地跟在坏人背后一直监视着。

百目鬼的眼睛最善勾人魂魄，看似平淡无奇，却能释放出惊心动魄的妩媚与诱惑。不知道多少男人被她的媚眼夺去了双目，据说只要夺满一千只眼睛，百目鬼就会变成无法收服的千眼巨魔。当一位法师前去阻止她时，她已有了998只眼睛，发出的邪光令法师无法动弹。为了不让她凑满千目，法师自毁双目，趁百目鬼惊愕之际，用佛香灰封住了她头上的两只主眼，才将其收服。

飞缘魔

ひえんま

飞缘魔（ひえんま）源自佛教的“缘障女”传说。缘障女是以美色干扰佛陀参悟的魔障。她传到日本后，变成了飞缘魔。飞缘魔面容娇媚、婀娜多姿，也是很香艳的女妖，属于高危险级别。她们常在夜晚出来晃荡，专门吸取好色男性的精血，当受害者油尽灯枯后，再取走他们的胫骨并残忍地将其杀死。

还有个古老的说法，认为飞缘魔系由丙午年出生的女囚所化。日本的丙午年是凶年，人们相信丙午年生的女人会克夫，即使再嫁，依然会克，所以丙午年的女子想嫁人比较困难，特别是女囚，更是怨念满腔，渐渐地就变成了盛开在黑夜的罪恶之花——飞缘魔。

飞缘魔 竹原春泉斋 绘

古库里婆

こくりばば

库里是日本寺院中住持及其家人居住的地方，古库里婆（こくりばば），就是隐藏于寺庙中的妖怪老婆婆。

古库里婆原是某位住持僧人所喜爱的女子，住在住持的家中（即库里），由于她无法忍受清贫的生活，开始窃取施主的钱财及谷物，贪得无厌令她变成了偷食吃的妖鬼婆婆。

老太婆瘦骨嶙峋，额头布满皱纹，两只眼睛大而凹陷，因为掉了牙而显得干瘪的嘴巴里叼着头发。所有这些，都给人以妖异恐怖之感。

《怪物画本》之古库里婆 李冠光贤 绘

哭女

うわん

哭女（うわん），民间俗称“哇”，常出没于日本青森县一带，坟墓、古寺、废墟、荒屋等，是哭女最中意的场所。她没有实体，也没有具体特征，仅仅由声音、光及其他的自然元素所构成。出现时既可以是个年迈的老婆婆，也可以是位很可爱的小姑娘，但更多时候还是身着丧服、披头散发的怨妇形貌。

一般人很容易被哭女吓到，唯有训练有素、处变不惊的武士，才能够无视哭女的恶作剧行为。不过这也仅限于普通的哭女，若是那些生前有着极大冤屈，特别是哭泣着死去的哭女冷不丁喊出的“哇”声，如果反应迟钝没有立刻跟着回答“哇”，那么灵魂就会被吸食掉，身体也会被封进棺材埋在乱坟堆下。

笑女——けらけらおんな

既然有了哭女，自然相对地也就有笑女（けらけらおんな）。笑女又称为“倩兮女”，取“巧笑倩兮”之意。其形貌为三四十岁的中年女子，打扮妖艳，涂脂抹粉，半咧着朱红色的嘴唇，不停地笑着。据说笑女都是由那些日本青楼女子或淫妇死后所化，因为素性轻浮，所以常嘻嘻哈哈地笑个不停。听见她笑声的人大都凶多吉少。

笑女往往在夜间出现于幽静的山路或街道上，倘若路人独身经过，并听见由远及近地传来女人的笑声，张望四周却连一个人影也没有，那一定是笑女的杰作。脚步声与笑声一步步接近，那种情状真是令人毛骨悚然。

想要真正摆脱笑女的纠缠，最有效的方法只有一种：以彼之道，还施彼身。她笑，你也笑，而且声音一定要盖过她。只要在气势上压倒笑女，笑女的笑声便会变小，而且身体也开始萎缩。如此反复多次，笑女的声音会越来越微弱，身体也越来越小，直至最后消失不见。

《怪物画本》之笑女 李冠光贤 绘

朱盆

しゅのぼん

女妖朱盆（しゅのぼん）的样子正如其名，看起来那是相当的恐怖：满脸就像涂了红漆般血红，额上有一小角，头发则如一根根尖针似的直耸着。最为恐怖的还是她那张血盆大口，一直开裂到耳根部，足以吞下整个活人。

据说朱盆经常出没于日本福岛县附近。不过她至少还有一样好处，就是能帮人治好容易脸红的毛病。无论哪个害羞的人，只要一看到她那恐怖的恶模样，必定吓得脸色泛青苍白，从此后不管怎么着都不会红脸了。

朱盆 鸟山石燕 绘

高女

たかおんな

高女（たかおんな）生前的身高是正常人的三倍，如此超拔常人的身高，男人们都对她望而却步。高女苦苦等候，却始终嫁不出去，终于难以忍受世人的白眼而选择了投海自尽。

她把所有的怨气都发泄到生前对自己不屑一顾的男人们身上，遂化身为美女在深夜对那些男人进行色诱，等他们上钩后，高女就突然现出原形。在烛影下她的影子高大凶狠，男人们无不吓得屁滚尿流。

高女 鸟山石燕 绘

络新妇

じょろうぐも

在日本妖怪传说里，“络新妇”被引申为蛛女的同义词。络新妇（じょろうぐも）在西方被称为Nephila，是蜘蛛目络新妇科的一类彩色长脚蜘蛛。其体色艳丽、结网巨大，而且身上的颜色和花纹还能随周遭环境的变化而变化。

说到布局撒网，又有谁能胜过蜘蛛呢？《妖怪百象记》中记载，络新妇系蜘蛛幻化而成。她们白天是妖艳的美女，头发光柔如缎、面孔绝尘脱俗。好色者见了络新妇，无不半昏半醉，轻而易举地被她们引诱。到了晚上，络新妇就露出大蜘蛛的本相，将男子杀害。

在另一个版本的传说中，络新妇本是一个领主的侍女，因为与领主之子产生了恋情，领主发现后勃然大怒，将她扔进一个装满毒蜘蛛的箱子中处死。侍女的怨灵遂化作蛛女，向领主展开复仇。

豊原国周笔下的络新妇

青女房

あおにょうぼう

妖怪青女房，是有着满口黑齿的蓬头女妖，专吃人类，具有高危险性，主要出没于京都一带，经常于幽暗的旧屋中出现，手中随时拿着一面镜子。别看她外表狰狞，其实她的身世颇为凄惨，很值得人们同情。

当她还是人类时，是一位皇宫中的女官。在入宫前，她已订了婚约，却因身不由己不得不入宫。她与未婚夫相约，待到出宫后完婚。未婚夫也承诺此心不变，等她归来。

入宫后，她身处险恶的宫廷环境中，钩心斗角，只因为心里有个朝思暮想的他，才得以支撑下去，她苦苦煎熬，一步步向上，终于成了一个颇有权势的女官，并有了出宫的资格，但当她回到家乡时，却惊愕地发现未婚夫已背叛了自己，和其他女人结了婚，而自己家原先的屋宅，早已破落荒废。她不愿相信这一切是真的，一心痴念着旧情人会回到自己身边，便一直坐在破旧的暗屋中苦苦等待。日复一日，她的头发变得蓬乱、牙齿变得乌黑。每逢有人到访时，她就对着镜子精心梳妆，但一发现来访者不是旧情人，便会痛下杀手。渐渐地，随着旧情人归来的希望越来越渺茫，她心中的怨念也越积越深，最终变成了妖怪“青女房”。

土佐光信笔下的青女房（右二）

雪女

ゆきおんな

“雪女出，早归家”是一句在日本民间广为流传的古话。在深山中居住的雪女（ゆきおんな），又名雪姬，是日本最著名的女妖，有着令人惊艳的美丽外表。她通常身穿白色和服，肌肤似雪、身材窈窕，一头淡蓝色的长发，脸庞像月儿般白皙圆润，水汪汪的大眼睛里充满冷酷，比中国仙子嫦娥更具致命的吸引力。脆弱、美丽、伤感这三种情绪构成了雪女的灵魂，这正是自然界的冰雪在日本人纤柔性格中的反映。

雪女是山神的属下，掌管冬季的降雪，多出现在大雪封山之时。她的性格复杂，可说是亦善亦邪。雪女的传说有多种版本，以下是其中流传最广的版本：

室町时代，在武藏国的一个村落里，住着茂作和巳之吉两个樵夫。茂作已经七十岁了，而弟子巳之吉还是十八岁的年轻人。一个寒冷的黄昏，两人从森林里砍柴回来，在途中碰到暴风雪，只好到一间樵夫小屋中避雪。

屋外，天空阴沉、寒风猛吹。皑皑白雪，既无边际、亦无生命。那些精致的冰花和冰凌，仿佛是为大地苍生准备的纸钱，漫天飞舞。两人哆哆嗦嗦地靠在炉边烤火，年老的茂作很快就睡着

雪女 佐胁嵩之 绘

了，巳之吉却被屋外的风雪声吵得不能入眠。他披着单薄的蓑衣，越来越觉得寒冷，辗转难眠，终至睡意全无。突然，屋门“吱嘎”一声打开了，一个身上沾满雪花的女子飘然进到小屋里。女子从头到脚一身素白，透明的冰冷瞳仁静静地盯着巳之吉的脸。巳之吉与她四目相对，只见白衣女子娇美异常，不由得心迷神醉。

女子来到睡熟的茂作身旁，从嘴里吐出一缕白气，吹到茂作脸上。茂作的身子渐渐地开始变白、变僵。女子随后扭过头，低声对巳之吉说：“你大概还很年轻吧。真是个可爱的少年！我和你既然有这么一段见面的缘分，日后必有结果。今晚看到我的事，你不要告诉任何人喔！否则，我会让你的生命被冰冻。你要好好记住我说的话。”说完，女子转身而去，消失在茫茫风雪中。

巳之吉迷迷糊糊，还以为自己是在做梦，便出声想把茂作叫醒。哪知茂作已死去多时，脸已经像冰块般冻僵了。巳之吉不胜哀伤，抱起茂作的尸体，打起精神回到村子里。

第二年冬天，巳之吉在打柴回家的山路上，邂逅了一位雪肤玉肌的美少女。少女名叫雪子，因为双亲都去世了，所以想到江户去投靠亲戚。巳之吉打心底里对她产生了好感，便大着胆子向雪子求爱。雪子含羞浅笑地答应了。

回到家后，巳之吉禀过母亲，就与雪子完婚了。婚后，小夫妻恩恩爱爱，雪子又非常能干，将家务打理得井井有条，邻居们都羡慕巳之吉有眼光，讨了个好老婆。只不过美中不足的是，雪子只要在阳光下多待一阵子，就会晕倒。而且也不能吃热的食物。因此巳之吉尽量避免让雪子在户外忙碌，吃饭时也尽量不拿热食给她。

雪子一共给巳之吉生了十个小孩，这些小孩个个都面庞清秀，肤色雪白。随着时光流逝，孩子们渐渐长大，很多人也都开始变老，可雪子的样貌却一点也没改变，她那张脸还是和刚到村子时一样年轻，一样娇嫩。村里人议论纷纷，都觉得非常奇怪，巳之吉也起了疑心。

一个大风雪的晚上，巳之吉终于忍不住好奇，开口向正在做针线活儿的雪子问道："你这张脸，还有低着头在做事的样子，令我想到十八年前的一件奇怪遭遇。那个时候，我曾经在森林里看到过一个肤色白皙，和你一样漂亮的女子。"雪子没有答话，头也不抬地继续做着针线活儿。

巳之吉没有察觉到雪子的脸色已变，接着说："一开始，我以为是梦，怎么会有那么漂亮的美人儿？后来仔细想想，那女的一定不是人，因为她浑身雪白透明，正常人哪里会这样？真是可怕的梦魇啊！"

雪子的双眼开始凝出冰冷的杀气，她猛地丢下手上的活计，靠在丈夫的耳边，幽幽地说道："那就是我呀，就是雪子！一点也没错，那时出现的正是我。你违背了不把看到我的事情告诉任何人的承诺，对不起，妖界的法则最看重诺言，所以我要实践我当年的警告，取走你的性命。"说着，雪子从口中吐出一缕缕寒冷的白雾，将巳之吉冻成了冰柱。雪子伤心地带着孩子们重回冰天雪地之中。

从此，雪女孤单地在雪山中徘徊，时常发出嗖嗖的悲鸣声。为了报复善变不忠的男人，她常常把进入雪山的男人吸引到偏僻的地方，和他接吻，接吻的同时将其完全冰冻起来，取走其灵魂食用。遇上雪女的男人，很容易被雪女的美色所诱惑，进而被她口中吹出的冰气所冻僵。

这个故事充分描述了雪女冰冷无情的性格，并借由背叛的主题反映出男女之间亦亲亦离的婚姻关系，以及专属于女子纤柔善感又敢爱敢恨的风情面貌。“就算我的身体灰飞烟灭，但是我的灵魂在不久的将来也一定会与白雪一起回来报仇……”雪女的古老传说既悲伤又冷酷，充满了怪谈逸闻的恐怖与警示色彩。

作为雪中的妖怪，雪女最怕的是火与热。在新潟县小千谷有这么个传说：一个风雪交加的夜晚，一位美丽的白衣女子来到一个单身男子的住处求宿，并要求嫁给他。男子大喜过望，由于天寒，为了讨姑娘的欢心，男子特地烧了一桶热水，好让她浸浴。姑娘虽百般拒绝，仍拗不过男子的一再坚持，只好跳入热水中，结果在热水中消失不见，只剩下细长的冰柱碎片浮上来。男子这才醒悟姑娘就是雪女，自己在无意中避过了一劫。

而在岐阜县的传说里，雪女则以雪球的形状出现。她会来到山中小屋，祈求水喝，此时如果按照她的要求给她凉水，人们就会为她所害。但如果给她一杯热腾腾的茶水，或者请她到炉边取暖的话，她就会畏惧地离去。

阿菊

お菊

含冤受屈的人死后，灵魂不灭，化作一股怨气，因执着的魔性而逗留在人间。除非有人为其洗雪冤情，否则怨灵绝不退散。阿菊的怨灵即是其中最著名的。在日本，“数盘子的阿菊”可谓家喻户晓。据说只要有井的地方，就有阿菊。大部分日本人都知道阿菊以怨恨的口吻数着“一枚……两枚……”时的恐怖情景。

那是在江户中期时发生的事情。阿菊原本是姬路城一个大商家的独生爱女，因为一场大火而失去了双亲和家产，只好到旗本武士衣笠元信家当侍女。阿菊毕竟是大户人家出身，不但长得漂亮且举止得体，深受众人喜爱。她的工作是侍奉衣笠的起居，衣笠与她日久生情，遂将亡母的一只发钗送给阿菊当信物，表示日后一定娶她为妻。

不料，姬路城的执权青山铁山，暗地里招兵买马，阴谋篡位夺权，杀害城主小寺则职。忠诚的衣笠对此有所察觉，但苦于没有证据。思前想后，衣笠一咬牙，决定让自己心爱的阿菊乔装到青山家帮佣，密察其动向，伺机侦查收集证据。

阿菊来到青山家后，一直小心翼翼，勤恳工作，取得了青山一族的信任。她处处留心，探听

《百物语》之阿菊 葛饰北斋 绘

《新形三十六怪撰》之阿菊 月风芳年 绘

得青山准备在增位山的赏花宴上毒杀城主，便立即遣人偷偷捎信给衣笠。谁知，青山的家臣弹四郎发现了阿菊的秘密。弹四郎早就垂涎阿菊的美貌，便趁机以此事胁迫阿菊，“只要你成为我的女人，我就不把这件事泄漏出去！”深爱衣笠的阿菊严词拒绝了。由爱生恨的弹四郎遂起报复之心，他在青山宴客的酒席上，偷偷藏起青山传家之宝“十宝盘”中的一枚，然后将此罪推给阿菊。这套盘子是青山先祖传下的，即使缺一枚，也会导致全套盘子失去价值。青山铁山失去祖传宝贝，暴跳如雷，把阿菊绑在树上鞭笞刑罚。阿菊大呼冤枉，青山完全不容她争辩，命弹四郎狠狠抽打她，然后丢进井里淹死。

悲剧发生后，每当夜幕降临，从那口井底就会传来幽怨悲凄的女声，在细细地数着遗失的盘子：“一枚、二枚、三枚……八枚、九枚”，数到第九枚时，女声就转变成啜泣声，之后再从第一枚数起，夜夜如此。弹四郎被吓得一病不起，没几天就一命呜呼了，因此没来得及将阿菊是卧底的情况禀报给青山铁山。

青山自以为已将逆谋设计得天衣无缝，便在赏花当天，仍然力劝城主饮下毒酒。城主早已洞悉奸情，一拂袖，将酒杯摔在地上，衣笠率领埋伏在屏风后的志士冲出，刀光闪闪，结果了青山铁山的性命。

城主后来得到衣笠禀告，知道平定叛乱阿菊立有大功，遂下令将阿菊灵位迁入姬路城附近的十二神社内，世受供奉。此后的三百年间，城中总会出现大量奇怪的虫子，人们都说这是阿菊化为虫子回来啦！而那口阿菊井今时仍然存在，吸引了很多人前去探险。

人们既同情阿菊，又对她的怨灵感到恐惧，于是唱起歌谣为她祈求冥福。后世净琉璃剧、狂言、落语等艺术形式也都将“数盘子的阿菊”搬上舞台，传演至今。

然而，如果阿菊可以选择的话，相信她一定更乐意平凡地活着，而不是用永无休止地细数着破碎的碟盘、叹息着破碎的人生。

阿岩

お岩

阿岩是江户时代和阿菊齐名的女鬼，她的传说起源于东京四谷的阿岩稻荷神社所留下的文献。该文献记载了一个被丈夫抛弃、杀害的苦命女子化为怨灵复仇的故事。这一故事来自真人实事，在当时极为轰动，经历街谈巷议人言翻沸，以及岁月无言的淘洗后，成为文学、戏曲取材的对象。后世据此创作了形形色色的关于阿岩的作品，其中以四世鹤屋南北（1755—1829）的歌舞伎剧本《东海道四谷怪谈》最为著名。1825年，该剧在江户中村座首演时引发大轰动，观众人人吓得胆战心惊，“四谷怪谈”由此成为日本代表性的怨灵故事。此后每逢此作上演，必定要先行参拜阿岩稻荷以慰灵，否则剧组成员必遭不祥之诅咒。

阿岩的故事分为民间传说版本和《东海道四谷怪谈》版本，两个版本间存在较大差异。先来看民间传说版本：

话说元禄年间，在东海道四谷（东京新宿区四谷）住着一位家资丰裕的下级武士，名字叫田宫又左卫门。他有一个女儿，名叫阿岩。阿岩在十几岁时得了天花，虽然侥幸捡回一命，却变得奇丑无比：满脸痘疤、弯腰驼背，头发卷曲稀疏，右眼部位还有个大斑点。这副堪比钟无盐的相貌，令四里

《阿岩亡魂》歌川国芳 绘

八乡的人们个个望而生怖，没有一个人敢靠近她，婚嫁之事就更别提了。田宫又左卫门为此常常烦闷不快，忧愁极了。

阿岩二十一岁时，又左卫门病重。临终前，他托付同僚帮女儿找个好夫婿，并言明：谁愿意入赘，就可以继承自己的家业和官位。

又左卫门去世后，同僚终于找到了一个名叫又市的媒人，请他帮阿岩介绍夫婿。又市收了一笔重酬后，十分卖力，果真找来一个名叫伊右卫门的摄州浪人。伊右卫门虽然衣敝履空、身无长物，却生得剑眉星目、仪表堂堂，那玉树临风的潇洒英姿，不知迷倒了多少少女。可是由于一直拿不出聘礼，伊右卫门年已三十一岁，仍娶不到妻子。又市摇唇鼓舌，又哄又骗，谎称女方虽非花容月貌，也算容貌尚可。同时又信誓旦旦地保证，田宫又左卫门虽是下级武士，但有祖业、俸禄，又有幕府提供的房屋，伊右卫门一入赘，田宫的官位可立即由他顶替，家业稍后也让他继承。身为无家无业的浪人，伊右卫门内心多么渴盼这些安身立命之物啊。经过一番认真思考，他应承了入赘田宫家。

成婚当晚，伊右卫门终于见到了阿岩的面容，顷刻间，他吓得瘫软在地。妻子全然不是又市口中的“容貌尚可”，这根本就是场骗局嘛！然而生米已煮成熟饭，上船容易下船难，只好强打起精神，勉强将新婚之夜应付过去。

婚后，伊右卫门果然立即顶替了过世的田宫又左卫门的官位，岳母与阿岩也都情礼兼到，不但生活起居上伺候得好，银钱上也任由伊右卫门花销。伊右卫门看在有这些好处的分上，也就心口不一地权且敷衍。阿岩深情脉脉，对夫君体贴温柔。可是伊右卫门对她的态度总是不冷不热，全无笑脸。

到了第二年，岳母也辞世而去，家里只剩夫妻二人。伊右卫门每日在家中独面妻子，深感如同置身冰窟一般。他心中厌憎，对阿岩的忍耐达到了极限。

继承了又左卫门职位的伊右卫门，在官府里当差。他的上司伊藤喜兵卫品行低劣，风流好色，养了两个年轻的宠妾。其中一个妾侍阿花有了身孕，喜兵卫年纪渐老，嫌累赘不愿再养小孩，便打算抛弃阿花。他认真考虑后，想起部下伊右卫门曾经向自己发牢骚，抱怨家中的妻子太丑。于是他唤来伊右卫门，说道："我有个妾侍阿花，十分美貌，只可惜有了身孕，你如果肯要她和腹中的孩子，我就帮你们撮合，再给你一笔钱。如何？"

伊右卫门想了想，见可以财色双收，便一口答应。

不过伊右卫门仍有顾虑，问喜兵卫道："卑职家中那丑妻，该如何处置？只怕她不肯我纳妾。"

伊藤喜兵卫奸猾地笑了笑，说："此事容易。我教你一个法子，保证她主动和你离婚。"

自此以后，伊右卫门便按喜兵卫的指点，日日花天酒地，整晚夜不归宿，并且不停地变卖家产，挥霍无度。过不多久，阿岩的生活就陷入了窘境。伊右卫门又借口阿岩持家无道，对她拳打脚踢。伤心的阿岩终于答应和伊右卫门离婚。伊右卫门如愿以偿，顺利地将阿花娶进门。

被伊右卫门霸占了全部家产的阿岩，无处可去，只好当了一名缝纫下女，寄居在贫民区，靠微薄的报酬勉强度日。但她心中仍然爱着伊右卫门。

某天，一个男人来找阿岩。他对阿岩说："阿岩小姐，令尊在世时，曾对我有恩，所以我要把真相告诉您。伊右卫门之所以做出种种使您伤心的事，其实是为了迎娶伊藤喜兵卫的妾侍阿花而布下的骗局！可怜您还对这个负心汉痴心一片，不值得啊！您怎样努力也不可能博得他半分怜惜的！"

阿岩听了这话，将事情前后对应细想了一遍，恍然大悟。霎时间，深深的怨恨涌上心头，鲜血从咬破的嘴角流下。她神志狂乱，用手使劲扯着头发，带着血肉的缕缕青丝被生生撕扯下。肉体之痛加上心灵之痛，使得她本就十分丑陋的面容，瞬间变成了女鬼的样貌。她破门而出，飞奔着，不知去了何方。后来人们把她寄居的地方称为"鬼横町"。

伊右卫门得偿所愿后，与阿花双宿双飞，快活不已，先后生下四个孩子，其中大女儿阿染是伊藤喜兵卫的骨肉。就这样时光飞逝，转眼阿染已十四岁。

这年的中元节，伊右卫门和阿花带着孩子们在庭院中纳凉，忽然，大门外传来诡异的敲门声，一个女子的声音幽幽地唤着："伊右卫门，伊右卫门，伊右卫门……"阿花和孩子们都吓坏了。伊右卫门抓起火绳枪，冲到门口，开门一看，只见一个相貌极丑的女鬼正恶狠狠地盯着自己。伊右卫门急忙朝女鬼开枪，女鬼倏地消失不见了。

伊右卫门垂头丧气地回到屋中，万没想到年仅三岁的幼女，竟因那声枪响受到惊吓，害了病。伊右卫门请来医生诊治，依然无济于事，过不多久，幼女离世。紧接着，伊右卫门家怪事不断。要么是三子在庭院中见到已死的妹妹；要么是伊右卫门半夜见到阿花身边睡着一个陌生男子；要么是二女儿梦见死去的妹妹不停地要姐姐背她。数月后，二女儿发起了高烧，三子得了霍乱，全都医治无效，离开了人世。至此，伊右卫门的亲生骨肉全部死亡。随后轮到了阿花，她也莫名其妙地得了怪病，在极度痛苦中撒手人寰。

惊惶的伊右卫门向法师求助，法师推断这是阿岩的怨灵在作祟，但却无可奈何。郁郁寡欢的伊右卫门只好迅速为大女儿阿染招了一位夫婿入赘。

某日风雨交加，伊右卫门爬到屋顶修理被风吹破的漏洞，一不小心失足跌落，腰骨受伤，全身无法动弹。在奄奄一息中，伊右卫门的眼前出现了阿岩的身影，并口口声声地说要夺走他的性命……第二天，邻居们发现伊右卫门时，他已经没有呼吸了。

阿染的夫婿继承了伊右卫门的家产。然而阿染二十五岁那年突然病逝，她的夫君因为宅中怪事频发，变成了疯子。伊右卫门苦心谋夺的家产，因绝后而被官府充公。而伊藤喜兵卫一家，也在数年间被各种诡异恐怖的事件所侵扰，家人相继去世，最后全家死亡。

当地人既惊又怕，集资在田宫家宅的遗址上盖了“阿岩稻荷田宫神社”，以安抚阿岩的怨灵。

这事件发生一百多年后，七十一岁的四世鹤屋南北据此改编创作了歌舞伎剧本《东海道四谷怪谈》，将阿岩传说编进“忠臣藏”故事中，并作为《忠臣藏》的附加剧目演出。后来因太受欢迎的缘故，

《东海道四谷怪谈》被独立出来，成为单独表演剧目。

在鹤屋南北笔下，阿岩故事的框架未做大改动，但细节处变化甚多。故事一开始，阿岩并非丑女，而是生得花容月貌，是盐谷武士四谷左门的长女。四谷左门对浪人伊右卫门颇为看重，将阿岩嫁了给他。起初夫妻俩十分恩爱，度过了一段幸福的时光。可是在阿岩即将分娩时，四谷左门却离奇地被人杀害。原来，四谷左门发现伊右卫门曾盗窃大笔公款，所以不愿女儿与罪犯共同生活。伊右卫门怕事情败露，便秘密杀死了四谷左门。

伊右卫门虽然相貌俊朗，却是个好吃懒做、狂妄自大的人，并且还有赌博的恶习。他经常将家中的米粮、衣物甚至阿岩的首饰拿去典当，供自己滥赌挥霍。长期的放浪不羁，令他手头已十分拮据，孩子出生后，生活愈发窘迫。

阿岩生下孩子后，因为产后恢复慢而缠绵病榻。冷血薄情的伊右卫门开始对她嫌弃起来。

这时，富裕的邻居伊藤喜兵卫，因孙女阿梅暗恋伊右卫门，遂以金钱、地位引诱伊右卫门与阿岩离婚。趋炎附势、贪图富贵的伊右卫门满心欢喜地答应娶阿梅为妻。为了除去糟糠之妻阿岩这个绊脚石，他买通开妓院的宅悦，让宅悦去强奸阿岩。如此便能诬陷阿岩与人私通而休掉她。

另一方面，伊藤喜兵卫为尽快成全孙女的心愿，也想杀死阿岩。于是将毁人容貌的毒药谎称为调理产后气血的补药，送给阿岩喝。此时宅悦也来到阿岩家中，准备等阿岩喝完药后，就将她奸污。不

《百物语》之阿岩 葛饰北斋 绘

明就里的阿岩在宅悦面前喝下了毒药，顷刻间，她脸部溃烂，变得丑陋不堪。缕缕青丝也连着头皮纷纷掉落。

宅悦震惊不已，对破了相的阿岩登时没有了邪念。出于恐惧，也出于同情，他将伊右卫门的阴谋和盘托出。阿岩愤懑、悲哀，万没料到竟是丈夫在谋害自己，一颗心霎时间冰冷如霜。她尖叫着，扑向宅悦，宅悦惊恐之下拔出刀来。混乱争执中，锋利的刀刃刺中了阿岩，阿岩倒在殷红的血泊中，含恨而死。宅悦狼狈逃离现场。仆人小平闻声赶来，见女主人已死，一时间愣住，不知所措。

正巧伊右卫门这时回到家，见小平呆立着，眼珠一转，又心生毒计。他趁小平不备，拔出太刀将其砍死。而后将两人的尸体分别钉在门板两侧，弃尸河中灭迹。随后他对外声称阿岩与仆人小平通奸，两人已私奔外逃，不知所踪。

障碍清除了！伊右卫门立即与阿梅举行了婚礼。但他没有料到的是，阿岩已化身厉鬼，正一步步展开复仇计划。

含冤受屈的人，死后因怨气不消，故灵魂难以超生，于是积聚魔性的力量逗留于人间。那一层层怨念越积越厚，最终达到显性巨变。阿岩从痴情专一的弱女子，在彻底心碎后，激发出无限仇恨，终于变成了令人毛骨悚然的江户第一女怨灵。

在伊右卫门与阿梅新婚当晚，正当伊右卫门春风得意，准备同娇妻缠绵时，突然，阿梅的整个面庞，竟变成了阿岩的脸！“啊！鬼啊……”伊右卫门惊叫着，狂奔出门，迎面撞上了伊藤喜兵卫。他急忙抓住伊藤的衣袖，喊道：“有鬼，救命！”岂料伊藤却阴恻恻地说："有鬼？是怎样的鬼呢？"伊右卫门抬眼一望，登时吓得魂飞魄散，伊藤喜兵卫的脸竟然变成了仆人小平的脸！伊右卫门又惊又惧，拔出太刀，将阿梅和伊藤喜兵卫砍翻在地。随后自己也跌跌撞撞，慌不择路逃向城外河边。

河畔垂柳，蛙鸣蝉噪；池沼枯树，灰雾迷蒙。伊右卫门失魂落魄地走了一阵，在河畔停下慌乱的脚步，打算用河水洗去身上的血污。忽然，河上漂来了一块门板，伊右卫门捞起来一看，霎时吓得浑身震颤，那块门板上竟有阿岩的尸体。

受到如此惊吓，伊右卫门彻底精神错乱了。他在水中疯狂地挥刀狂砍，口中还不停地念佛，但一切都无济于事。阴魂不散的阿岩对他死缠不休，河边的石头、树木都幻化成了阿岩的脸。最后，被怨灵追得无处可逃的伊右卫门切腹自杀，了断了一切痛苦。此后，伊藤一家也在阿岩的诅咒中相继死亡。

阿岩的遭遇令人同情，也令人叹息。试问有几个女子遇到这样的事情能一笑而过？被毁去了容貌，遭到爱人的背叛；人世间竟有那样歹毒、那样肮脏的阴谋，偏偏全让她撞上。她可以选择自我疗伤，可以选择假装遗忘，当然，也可以选择复仇。而选择了复仇的她，天真地以为只要仇人消失，自己的心就能得到解脱。其实，她永远也得不到真正的解脱了，因为她已经成了怨灵的代名词。

这个包含爱与恨、美与丑、执念与疯狂的故事，不仅在幽暗弥漫的江户时代广受传扬，在现代的日本影坛也是久演不衰，是电影化次数最多的妖怪传说。

四

山海之怪篇

狸／河童／山童／川赤子／山姥／蛇带／觉／海坊主／海女房／姥姥火／涂壁／濡女／见越入道／古笼火／百百爷／以津真天／浪小僧／海难法师

古代的人们深信，荒野山林和茫茫大海是与人类世界隔绝、充满神秘与魔性的所在。日本人认为，在这幽深的人境之外，栖息着与人类截然不同的生灵。这些既能造福于人、又能祸害于人的异类，正是既给予人类丰富资源又带来巨大灾难的山与海的具象化表现。

狸
たぬき

狸（たぬき），又称獭狸、狸猫、大山猫，是日本民间口耳相传、家喻户晓的一种神秘动物。

由古至今，狸猫都是日本人十分喜爱、类似于宠物的小妖。与其他可怖可畏的妖怪相比，狸一直给人以容易亲近的良好印象。作为可爱系的小妖怪，单看其稍显肥臃的笨拙身材和两块黑眼圈便会令人忍俊不禁，心生好感。在许多民间故事中，狸对人类没有任何危害，它们和住在山里的人相处得十分融洽。看似憨憨笨笨的狸总是富有幽默感及临机善变的机智，因此相当讨喜。这与狡猾的狐形成了鲜明的对比。

狸猫因其善变的特点而被人们亲切地称为“百变狸猫”，它们性情风趣、爱开玩笑，善于使用类似障眼法之类的法术，将自己的身体变为任意形状，而后突然钻到角落或缝隙里躲起来，或是隐身在一边挖着墓穴，总之不让人看见。平时无聊的时候，它们就喜欢靠变身来捣蛋，无伤大雅的闹剧一出接着一出，其中最有名的“恶搞”是将树叶变成铜钱欺骗贪心的人。此外它们还常常偷喝老百姓家里的酿酒，喝得醉醺醺，四脚朝天躺在庭院里呼呼大睡，逗得人们哈哈大笑，真是可爱！

在民间故事中，狸猫扮演的角色总是充满机

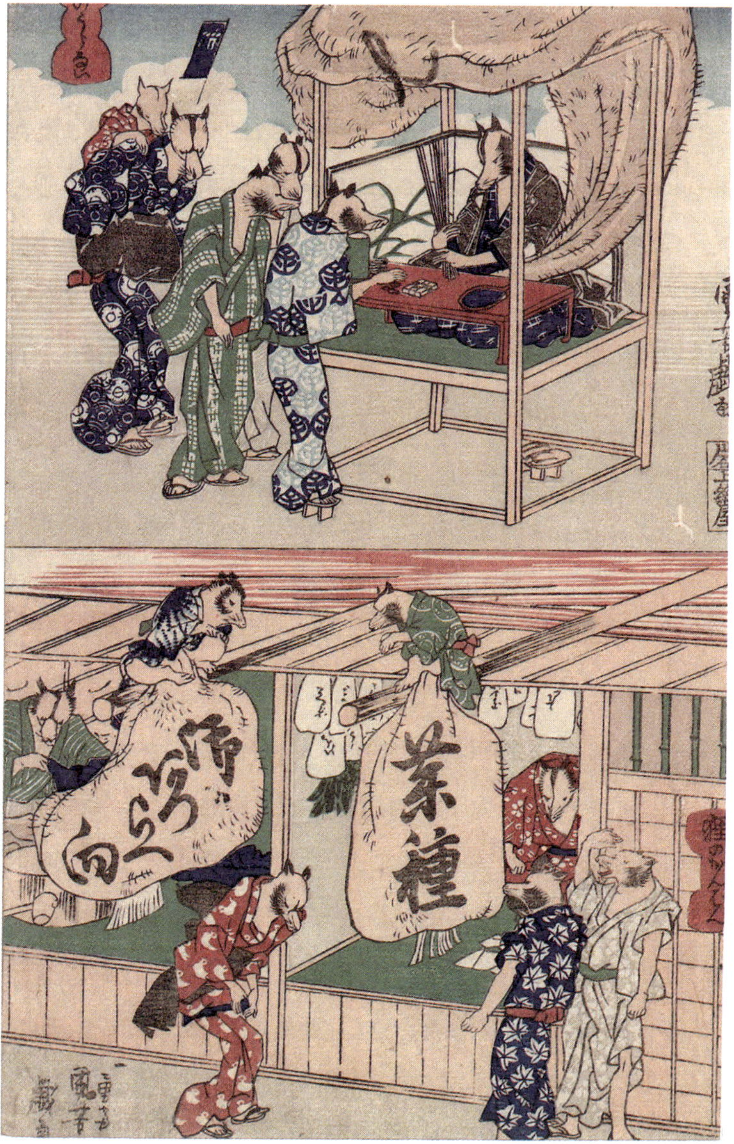

歌川国芳笔下的狸猫

歌川国芳笔下的狸猫

智与幽默。相传空海大师在四国设立道场时，因为嫌狐狸太过狡猾，施法将狐狸悉数驱离四国，只留下老实憨厚的狸猫。所以仅在四国，关于狸猫的传说就有五十多个。

诸多关于狸猫的诙谐传说中，群马县的“文福茶釜”、爱媛县的“八百八狸物语”、千叶县的“证诚寺狸猫”并称三大狸猫传说，流传最广。此外，还有个与“文福茶釜”类似的狸猫故事，叫“文福茶釜”。相传曾经有一家狸猫居住在深山里，因为生活清苦，家里常常有上顿没下顿，有一天终于到了没有任何食物的地步。按照狸猫一族的规矩，不能用法术偷盗别人的财物，只能通过劳动努力赚钱。于是狸猫爸爸和狸猫妈妈商量，把自己变成茶釜让狸猫妈妈拿到集市上卖掉换些吃的，过段时间再变成狸猫逃回来。狸猫妈妈按照计划将狸猫爸爸变化的茶釜卖给了一家寺院的住持，住持吩咐小沙弥将茶釜擦干净以便煮茶。当小沙弥擦到茶釜底部时，却听到茶釜发出了怨言：“喂，这样磨很痛呀，小和尚，你就不会轻一点儿磨喔？”吓了一跳的小沙弥不知所措，慌忙跑去告诉住持。住持早知道是狸猫在捣鬼，却故意斥道：“胡说八道，茶釜怎么可能会说话？不准偷懒，赶快去烧水煮茶。”小沙弥无奈，便把水注入茶釜，点了火开始烧水。随着温度逐渐上升，从茶釜里又冒出微弱的声音：“哟喂，好热喔！我快被烫死了！”突然狸猫现出了头、身体和四肢，夹着烧烫的尾巴准备逃之夭夭。早算到是狸猫化身为茶釜的老住持，施展法力，一鼓而擒拿下了“茶釜”狸猫。经过一番思想教育，“茶釜”狸猫只好留在寺里做一辈子“文福茶釜”了（“文福”指热水在茶釜

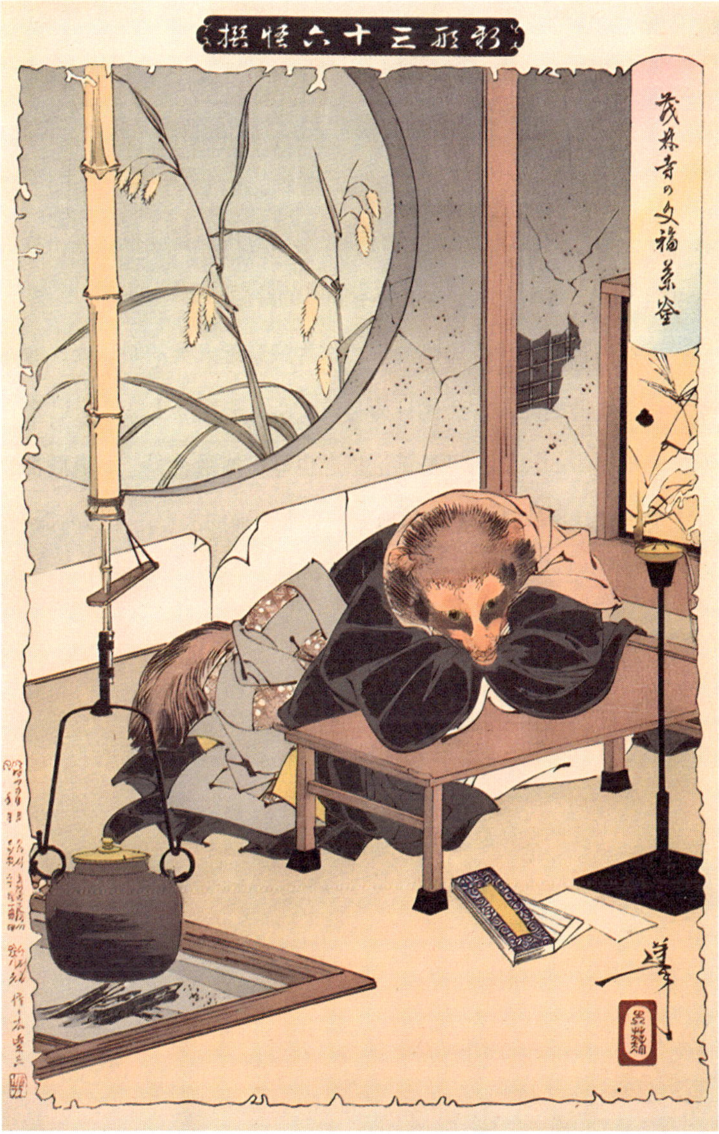

《新形三十六怪撰》之文福茶釜 月冈芳年 绘

中煮沸时的声响）。

“狐狸”在这里是两种动物，狐经常与狸发生争斗。赞歧（今香川县）一地，有一支强悍的“秃狸”族，他们的首领名叫团三郎狸，长着一颗硕大的脑袋，精通变身术，是个狠角色，手下“狸子狸孙”众多，专为守护四国这块地盘而和狐军团对抗，狐族想踏进一步都不可能，因此四国全地至今也看不到狐的踪影。

不过狸也并非尽干捣蛋的事，作为最亲近人类的妖怪族，有些受到人类帮助的狸常常会化身为马或女子，去市场上变卖自己来答谢处于困境中的恩人。可是无论报恩也好，捣蛋也罢，到最后都会被人类识破，这就是狸有趣的地方。看来狸猫的法力还不够高深啊。

河童

かっぱ

日本不仅四面临海，而且江河列岛纵横，自然导致了“水域文化”的盛行，与水相关的妖怪着实不少。在水域群妖中，河童（かっぱ）绝对可称名妖，它的大名不但流传于日本全境，相信不少中国人也早有耳闻。由于它们生活在日本各地的河川或水泽中，有“住在河川的孩子”之意，故而得名“河童”，别名为“河太郎”。

河童的本体原是水神，相当于中国的河伯一类，后来受到外来宗教文化的影响，渐渐失去信徒，没有了庙堂上的香火供奉，神性不断淡化，只好自力更生，落草到凡间当起了妖怪。《西游记》中的沙僧，传到日本后，总是在动漫游戏中被描绘成河童的模样，就是这个原因。

日本最早关于河童的记载，出自《日本书纪》。仁德天皇年间，就有旅人渡河时，受河童加害而中毒呕吐。《百物志》《万鬼录》《妖怪物语》等古书籍中也都记载有河童的身影。日语里有很多与河童有关的俗语，比如河童爱吃黄瓜，所以海苔卷黄瓜这道菜就叫作“河童卷”。

综合各类传说中的描述，河童身高大约一米出头，如四五岁孩童大小，脸像青蛙或乌龟，有着鸟喙一样的尖嘴，口腔上下各有四根尖牙，撕裂食物

一寸子花里笔下的河童

的速度相当快。它全身皮肤泛绿色，光滑无毛，身上长满鳞片，头发一般为红色，背上驮着一个暗绿色的龟壳，非常坚硬，刀枪不入。将这个龟壳脱去后，河童就能变化为人。河童身上会发出臭味，并且有滑腻的黏液，其手有四指，指间有蹼，能在水中以惊人的速度游泳，所以很不容易捕捉，这些生理特点使得它很适宜生活在潮湿的环境中。

河童水陆两栖，不但拥有上述“水军装备”，其陆地机能也相当发达。它的手臂特别修长，可以左右灵活地运动，双腕的骨头相连相通，如果一端被切断，立刻会从另一端再长出来，再生能力很强。据说他被切断的手臂可以制成治疗跌打损伤的特效药。它圆圆的眼睛会发光，眼神很是犀利，视野深远；鼻子像狗一样灵敏。这几点令它在遇到危险时，可逃可守，进退自如。如果来不及逃跑，它就把四肢像乌龟那样缩进龟壳里，令敌人面对坚硬的龟壳束手无策。要是有机会逃跑，它就会撅起屁股，屁股上有三个肛门，只要狠狠地放一个响屁，登时喷气的推力会快速地将它的身体反射出去，逃跑的速度甭提有多快了！日语中有个惯用说法“河童之屁”，就是指简简单单即可办到的事。

万一被人类捉住，河童会跟人类订下种种誓约，不是送淡水鱼，就是传授灵丹妙药的配方。“河童药”治伤疗病颇有妙效，是难得的宝物。

水，是河童最大的法力来源，因此在其头部中央有一个凹陷，好似圆盘一般，盘周围有散乱的毛发，盘里盛满了维持生命的水，

《和汉百物语》之河童 月冈芳年 绘

水令他力大无比。当河童脱离河流登陆后，在陆地上他的力量就与盘里积储的水量成正比。只要水不干涸，河童的膂力便奇大，故而它喜欢寻人比赛相扑，且能将一匹马活生生地拖入水中。所以日本有句俗语形容天大的灾难，就叫作“河童灭顶”。此外，上了年纪的河童，能拥有极大神通，可用心电感应来洞察人内心的想法，实是可怖。

不过，长期的霜降和冰雨会使河童头上的盘子变得僵硬易碎，盘子要是破了的话，对河童而言可是致命的。退一步讲，即使仅仅是头顶的水蒸发或者流失，河童的超自然力量也会随之消失，它会变得十分虚弱，毫无精神，因此日语里又有一个俗语“上陆的河童”，即指因环境变化而无力显露才华。

由于兼具水神、水怪的双重身份，在传播上又被漫画化，因此河童的所作所为，也具有了与其身份相应的特点。比如河童爱窜进田里捣乱，破坏农作物生长；躲在厕所里摸人屁股。它的性情十分顽劣，经常诱人入河将其溺毙，有时还会袭击到河边饮水的马，掳掠在河边玩耍的孩童。一般认为小孩不明原因地溺水，就是被河童拖下水的，虽然它们偶尔也会做点好事，例如帮人种田、运草；变成男孩到山里帮人搬运木头等，但总体而言，河童是相当危险的。不过河童十分惧怕牛和山猿，一见到此二者就要远遁。

因为种种恶行，人们对河童防备甚深，所以河童干坏事也时不时会被人们抓住，惩罚就是被砍断手。为了讨回被砍断的手，河童要么写“悔过书”，要么授予人类接骨秘方“十三贴”，要么就每天早上为人类送来河里的鱼。

尽管河童是可怕的妖怪，但在许多日本民间故事中，河童却常常成为人们嘲讽或取乐的对象。譬如在岩手县，传说古时有个村子举行祭祀，村里的年轻人都来比赛相扑。突然不知从哪里冒出来两个年轻人，力气都大得惊人，谁也胜不了他们。村民们十分奇怪，于是等比赛结束后，就派个机灵人悄悄尾随两人。只见两人来到河边，一面趟进水里，一面说："人这种东西真蠢啊！他们哪里知道，河童的手臂力大无穷，但只要手臂一脱臼，就气力全无了。"机灵人赶紧回村报信，年轻人们便商量了一个对付河童的计策。次日，河童仍旧前来参加相扑比赛，甫一进场，村里的年轻人们就分别抓住他们的两臂，使劲往外拉，"哧噜"一声响，河童的手臂脱了臼。两河童斜着脑袋，连声讨饶道："投降！投降！"——在如此狼狈的河童身上，已完全看不到丝毫的怪物恐怖形象，反倒成了人类娱乐生活的一剂调味品。

河童中有一个首领叫"九千坊"，他带领河童一族住在九州岛的球磨川云仙温泉一带。它们频繁地骚扰附近的村庄，抢钱、抢粮、抢女人。它们在河畔、潭边变出美丽的花朵，吸引人类去采摘，自己则变成大鱼埋伏在河里。当人类接近时，便跃出将人拖到水深处。它们不但害得许多无辜的人溺毙，还时常袭击到河边饮水的马牛等牲畜，将牲畜拉至水中后吸干血并吃空内脏，当真是祸害一方。由于九千坊拥有怪力，又好勇斗狠，村里人都敌不过他，只好忍气吞声，拿河童毫无办法。

此事后来被熊本城主加藤清正知道了，清正是丰臣秀吉的养子，是一名大将，著名的“贱岳七本枪”之一，以骁勇善战和筑城技术闻名。这样一条汉子，自然不能让自己的属民屡屡受辱。为了打败九千坊，清正先是施展计谋，将河童们引诱到会喷出硫黄气的地狱谷，然后聚集了大批河童最害怕的山猿，群起而攻。当人看不见河童时，山猿依然可将河童看得一清二楚。九千坊率领河童一族，起先还能勉强抵抗，于是加藤清正又下令把烧烫的硫黄石丢向水中。硫黄石所散发出的热气，令河童头顶盘碟里的水，逐渐蒸发殆尽。失去力量的河童们浑身酸软，瘫倒在地，乖乖束手就擒。从此以后，河童只得老老实实地住在熊本县筑后川，后来成为水天宫的侍者。

另一种关于河童起源的说法，是本土人造说。传说日本古代的工匠们，在建筑神社寺庙或城堡时，因人手不足，便流传有一种咒术：将人的名字写在纸条上，然后把纸条塞进木头的缝隙或草扎的人偶里，此举称为“入魂”，据说建筑物会因此而盖得更坚固牢靠，草扎人偶也因此而有了灵魂。可是在完工后，这些人偶就被抛弃到河川里。它们心有不甘，于是纷纷幻化成河童，四处作乱，对人畜形成巨大威胁。

山童

山わろ

山童（山わろ），是与河童并列的山妖，常出没于九州一带的深山中。他身形矮小如孩童，主要特征是体毛浓密似猿猴，头顶盘碟，独目单足，能像人一样站立步行。

山童的原身是山魈，山魈是魑魅的代表，乃掌握疾病与火灾之恶鬼，特征是仅一目一足。

山童虽然相貌可怕，但心地并不坏，非但不会危害人类，还十分乐于助人，只要给他们饭团吃，就能最大地调动其积极性。特别是对于山涧的樵夫来说，更是常常需要山童的帮助，比如搬运大树翻越险峰绝岭遇到困难时。除了饭团，再多给一些米酒作为奖励，山童就会相当卖力地“嘿嚯嘿嚯”了。再怎么重的东西对它们来讲，都很轻松，毕竟山童是力大无比的山精。不过，千万别在刚开始干活时就给山童饭团吃，否则干到中途他们就会开溜，严重不守信用。所以一定要等事毕再给饭团，这样第二天山童还会来帮忙。

大凡身形像孩童的妖怪，都带了几分稚气未脱，喜欢恶作剧，山童亦然。他们有时会闯入民居洗个澡，赤裸着身子让村民瞠目结舌；有时又潜入山寺，偷和尚的食物吃；如果有猎人晚上在山里露营，它们就会突然出现在猎人面前，将猎人心里所

山童 佐胁嵩之 绘

《怪物画本》之山童 李冠光贤 绘

想，全部说出来，而后对着惊讶不已的猎人扮鬼脸。种种颇具喜剧色彩的恶搞，弄得人们啼笑皆非。

不过切记，山童虽然热心肠，你可别想打歪算盘算计他，它们对危险有着很强烈的直觉，一旦发现有人想害它，就会立刻逃走，然后对恶人施以疫病与火灾的惩罚。

由于山童与河童有诸多紧密的联系，所以亦有山童即河童的说法。在古老的年代，很多地方特别是河川附近都住有河童，不过这仅仅是在春夏时，到了秋冬两季，怕冷的河童们就要往相对暖和的山林里搬迁，此时只剩下一小部分想留在河边玩不愿离开的河童。迁入山中的河童，因所栖息环境的变化，自然而然地转变为山童。势子、狩子、悬崖童等别称，就都是因为他们在山间栖息而得来的。等到春暖花开时，山童又成群结队地向河边移居，回到水中成为河童。

川赤子

かわあかご

河童族裔十分庞大，正如“人类”社会也分为不同的民族一样，“河童”的总称下也有众多不同分支，例如旁支“水虎”凶狠彪悍，拥有化为液体的能力；而“川赤子”则时常扮作渔夫，有吸引鱼群的能力。

川赤子（かわあかご），又名“河婴儿”，是一种栖息在沼泽或池塘地带的妖怪，一般由三到六岁左右的河童分化而来，在某些地方也被称作“川太郎”“川童”。

川赤子总喜欢在夜晚时，隐藏在野外的草丛中，装出婴儿的哭声来欺骗路过的行人，要是有好心人循声前去查探，川赤子就得逞了。行人会亦步亦趋地被婴儿的哭闹声引向附近的沼泽地，随后双足会陷入泥潭中难以自拔，直至遭受灭顶之灾。川赤子的这种行为完全不像善良的河童族，应该算是族内的败类。

川赤子 鸟山石燕 绘

山姥

やまうば

与艳丽妖冶的女妖不同，山姥（やまうば）是日本女妖的另一类典型代表。她居住在深山里，外貌像干瘪的老太婆，彪悍粗犷、身形高大，满脸皱纹、眼角上吊、嘴巴开裂到耳边，长长的白发如铁丝般坚硬。而且她是女妖中最通灵性的，能够读懂人心，明晰对方内心所想。这也正是她最令人胆寒之处。

山姥的原形，主要有两种说法，其一认为是山神没落所化，其二则认为是山中的女鬼所化，这就使得山姥具有了善恶两面性。她既有赐予土地丰收和富饶的一面，也有专门迷惑人，将投宿的旅人吃掉的恐怖一面。人们既害怕、回避她的凶狠，又渴求她给予财富与幸福。日本民间就是在这种又惧怕又欢喜的矛盾心态中，塑造出了活跃于山间的山姥形象。

山姥并非一生下来就是个干巴巴的小老太，她也曾有过带着又甜又酸乳臭味的婴儿时代，也曾有过像刚捣出的年糕一样白皙、娇嫩、粉额红腮的青春年华。可惜，纯真的少女在悲剧故事里总会遇人不淑，山姥也同样被一个始乱终弃的负心人所欺骗。她伤心欲绝，一夕白头，红颜老尽，最后在凄凉悲怆中挣扎着度过余生，年仅二十五岁就孤独地

月冈耕渔笔下的山姥

死去。她死时，脸上爬满了密密麻麻的皱纹，牙齿泛黄、头发稀疏，完全是个衰老不堪的老婆婆模样了。

本是温柔可人的女子，却含恨而终，自然怨念难消，灵魂便长期滞留于山间，变成了凶残的山姥。她用绳子把披散的白发系起来，用树叶或树皮裹作贴身下裙，住在山中的孤僻小屋里，等待那些在山里迷路的男性，把他们捉来吃掉。一头白发、一副直不起的腰身，山姥已是所有怨女复仇的寄托。

一次，一个在山中迷失了方向的年轻男子，无奈中来到山姥的小屋借宿，当然，他并不知道屋主就是山姥。在获得主人同意后，男子松了一口气，开始仔细打量屋主的相貌。当他看到女屋主头上别着缺齿的梳子、不修边幅、龇着牙阴笑的怪样子时，他胆怯了。

在飘忽不定的灯光下，老女人冷笑着，露出闪着黄光的牙齿，说："你一定在想，这个老婆子穿着打扮如此怪异，简直就像个瘦骨嶙峋的老猫一样，是吧？"

男子吓了一跳，心想："她也许只是面目狰狞，还不至于到半夜把我吃掉吧！"但他的想法又怎能瞒得住会读心术的山姥呢！山姥一边喝着栗子粥，一边又对正在偷瞅她的男子说："你现在心里在想，我会不会在半夜把你吃掉，对吧？"

男子吓得面色苍白，勉强装作若无其事的样子说："我只是感到很累了，喝了这暖和的粥，可以休息了。"山姥"哦"了一声，就起身刷锅，烧起了开水。

男子看着沸腾冒泡的水，越来越害怕，又想："她用那么大的锅煮沸水，一定是为吃掉我做准备了。"山姥转过头，笑嘻嘻地对他说："是啊，我用大锅烧好开水，就是准备半夜把你吃掉哩！"

男子恐惧得浑身冰冷，牙齿上下直打战，好不容易撑住身体倒在床上，眼睛却瞟着窗户，准备假装睡觉，寻机逃跑。不料山姥冷哼一声，斜眼看着男子不屑地说："你这个家伙，是想找机会逃跑

歌川国芳笔下的山姥

吧？没用的，我本来想半夜再杀你，现在你这么不老实，只好提前结果你了。”说完怪笑着，伸出干枯的双手，就要上前掐死男子。

男子见死到临头，避无可避，不免心中酸痛，想起撇下妻子孤单一人，日后怎生过活？但既无力抗拒，唯有闭目等死。哪知山姥突然叹了一口气，说：“你走吧，我只杀无情汉，不杀有情人。我若杀你，世上又要多一个怨妇了。”

男子忙不迭爬起身，拼命地逃离山姥家，再也不敢回望一眼。他脱难后，将此事告诉了亲友邻居，一传十，十传百，山姥的传说从此流传开来。

在日本民间，还有另一个山姥的传说，也颇为瘆人。有位叫弥三郎的猎人，以在山中捕兽为生。某天，他在布设陷阱时，不提防被四匹狼盯上了。他赶忙爬到大树上，四匹狼在树下转悠了一阵，见扑不到树上，就开始叠罗汉，可是一直差了一点点，无法够着弥三郎。最下面的那匹狼体力不支，一个踉跄，四匹狼全摔倒在地。反复数次皆如此。领头的那匹狼见不是办法，便说道：“这样可吃不到猎人，咱们去拜托弥三郎的母亲帮忙吧！”于是快速跑走了。

弥三郎大吃一惊，心想：“什么？找我母亲帮忙？天哪，这到底是怎么回事？”他见狼已经远去，便从树上下来，犹疑着往家里走。走到半路上，忽然一阵狂风刮来，黑云密布，从云中探出一只枯瘦的手，紧紧掐住弥三郎的脖子。弥三郎无论如何使劲，都无法挣脱。他心一横，抽出腰间的砍柴刀，猛力向那只手砍去。

只听“哇”一声惨叫，躲在一旁观战的四匹狼吓得仓皇而逃。

霎时间风停云消，弥三郎捡起断手，仔细一瞧，手臂上竟然长满恶心的针毛。他回到家，对内室的母亲说道："母亲，今天有只鬼手袭击我，被我砍断了。"母亲应道："快递进来给我看。"于是弥三郎伸出左手，隔着门，将鬼手递给内室的母亲。哪曾想左手刚伸进屋，就被母亲的手紧紧抓住不放。弥三郎透过门缝，只见母亲的手臂上竟然也长满恶心的针毛。他惊愕万分，猛然记起狼说的话："咱们去拜托弥三郎的母亲帮忙吧！"登时，他明白了，母亲已经被妖怪山姥害死了，现在这个母亲是山姥变的，之前从黑云中探出来的枯瘦的手，就是山姥的。

弥三郎当机立断，右手抽出腰间的砍柴刀，一脚踢开门，挥刀砍去，将山姥的另一只手也砍断了。山姥大呼一声，丢下两只断臂，狼狈逃回深山。

弥三郎细细搜检母亲居住的内室，只见床下、柜中，积攒的正是母亲和一堆堆鸟兽的遗骨。他痛哭失声，为母亲的不幸遭遇悲愤不已。

上文已经提到，山姥的形象是立体的，她既是人类生活的威胁者，又是施惠者。她虽然残忍，但对凡人也并非全是恶意。在一则"纺线山姥"的故事中，山姥就以人类恩惠者的面目出现。

话说在镰仓幕府时代，有一位少女在家中纺线时，接连三天，山姥都在她身边出现。她对少女说："我肚子饿得很，你能做饭团请我吃吗？"少女答应了，认认真真地做了很多饭团，请山姥吃。山姥张开大嘴，将饭团一个接一个地扔进嘴里。吃完后，还意犹未尽，又对少女说："你家屋后李树上的李子，也给我吃吧。"少女刚一答应，山姥就立即爬到树上，将李子迅速扔进嘴巴里。吃完后，山姥又对少女说："好事做到底，你纺的线，也全给我吃了吧。"说完，竟将少女纺出的五彩线也统统吃进肚中。临别时，山姥对少女说："明天清晨，你去窗下看看。无论见到什么，都要珍惜它。"次日一大早，少女来到窗下一看，见一堆小山般的粪便堆在那儿，正是山姥的排泄物。少女的家人都嫌脏，要把粪便丢掉。少女谨记山姥的话，执意要家人帮忙，将粪便拿到河中冲洗。他们惊喜地看到，粪便在水中变成了五色的蜀江锦，绵长漂荡。少女一家人因此发了大财，被称为"锦长者"，意即锦缎富翁。

这个故事隐含了教化的意味，说明了山姥的性情受外界影响颇大，善待她便受益，恶待之则招祸。正因为少女对待山姥善良而宽容，山姥才给了她巨大的财富。

蛇带

蛇带是日本一种吸收了日月精华的妖怪，它的外形宛若一条上好的腰带，专门给古时那些妖魔着装时围在腰上做装饰用，被称为“缠腰火龙”。因此蛇带在妖界也算是一种高级宠物。不过，对于普通人类而言，它却无异于夺命摧魂的杀手。

在日本民间，尤其是山区中的居民，几乎人人知晓蛇带的恐怖诡异。蛇带的剧毒，比之一般的毒蛇更要毒上百倍，人类一旦被它们咬到，会瞬间全身黑肿麻痹，立时毒发身亡。蛇带的身躯柔韧度极好，善于自然伸缩，有时候它会故意幻化成色彩鲜明的腰带，在山道旁小溪边让贪心的山民捡去。山民如果将蛇带当成腰带缠在腰间，蛇带就会将身子越勒越紧，死死箍住人体，直到将人的精髓血液全部榨干。

蛇带是魔界之物，不但凡人怕，凡间的蛇类也怕。居住在山区的人最容易遭受毒蛇的伤害，有一个聪明的姑娘见毒蛇遇到蛇带后会迅速躲避，就由此想出了一个办法。她仿照蛇带身上的花纹，编织了约一寸宽的花带，然后将花带缠在身上。这样毒蛇就误以为是蛇带缠在人身上，避之唯恐不及，哪里还敢伤人。

蛇帯

博物志に云人帯と（まくら）して眠るに蛇と夢（ゆめ）じと云されむ妬々女（ねたねたをんな）の三重（みへ）の帯は七重（ななへ）まはる毒蛇（どくじや）もうらむべし

たまくらに（まくら）ぐる人やきかん身（み）かろちまんのいかひふらし

蛇帯 鸟山石燕 绘

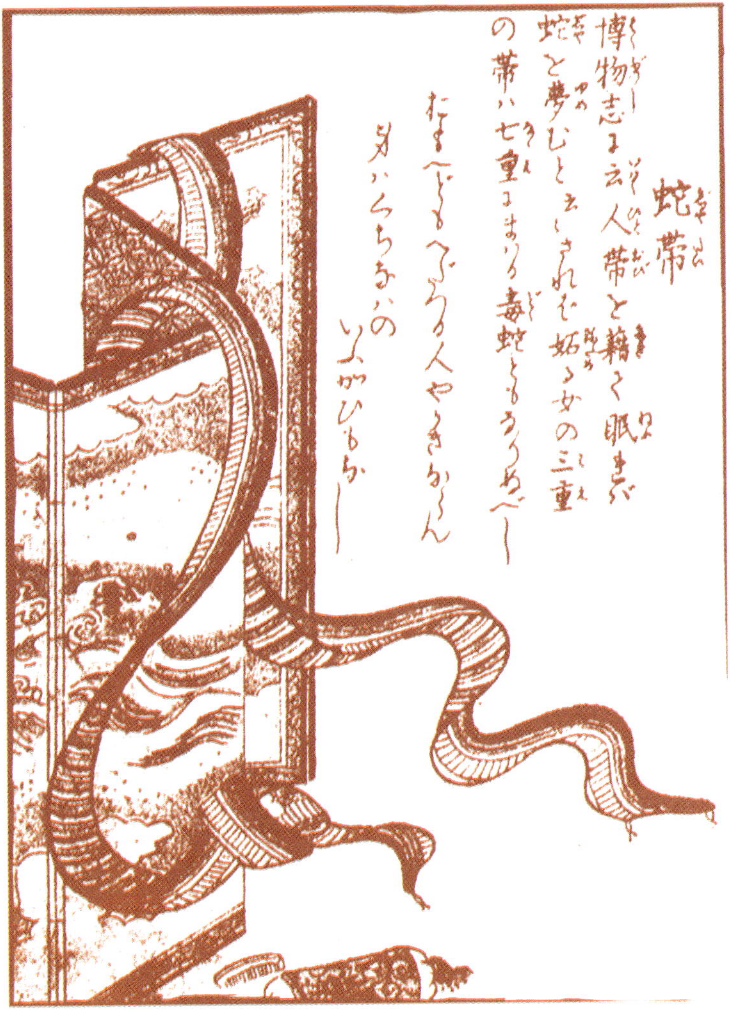

觉

さとり

觉（さとり）是生活在美浓（今岐阜县）深山里的妖怪，浑身被浓密的黑色体毛所覆盖，就像黑猩猩一样。它相当聪明，会说人话，还能觉察出人的内心想法，所以山民们给它取名“觉”。觉虽然能看透人的心思，不过只要你能做到内心一片空明，什么念头也没有的话，它就会自觉无趣而消失。

觉体格强健、力大无比，但绝不随意伤人，相反地，它的个性十分温驯，只要山民善待它，它还会帮山民们干点力气活。当你觉得饿时，还会摘果子给你吃呢！不过，千万别心存坏念头想捉它，觉会识破人类的企图，抢先一步把人捉来吃掉。

觉 鸟山石燕 绘

海坊主

うみぼうず

坊主，光头、秃头之意，也指住持、方丈等。和尚到了海上就是“海坊主”（うみぼうず），又称“海座头”“海法师”“海入道”。它头上精光无毛，身躯庞大，张着的两只脚颇似龟脚，典型的海洋生物形象。

传说中，海坊主本是位高僧，因恋上某位美女，做出越轨之事。那女子因心中有愧，投海而死。高僧深感愧疚，遂以内心无尽的怨念，将女子投海的那片海域变成了妖魔之海。其平时以手持拐杖、身背琵琶的盲人形象出现，但到了夜间的海上时，形象就会有大改变。彼时一直平静的大海会突然形成一座浪峰，从巨浪中间显出海坊主黑色的光头巨人身影。他会操纵一群由死于海难的人所变的“舟幽灵”袭击渔船，给渔民带来覆亡之灾。舟幽灵会在渔民们慌乱时向他们借勺子，一旦渔民借出了勺子，就凶多吉少了。海坊主会把勺子变大，然后不停地向船里舀水，直至船只沉没，所以在海坊主出没的地区，出海的人都会准备没有底的勺子来防范舟幽灵。此外，出海捕鱼的船如果满载而归，也得提防海坊主。它们会成群结队地出现，或抱住船桨和橹，或扑灭灯火，然后跳上船头，瞪着一对蓝光烁烁的妖眼，

歌川芳虎笔下的海坊主

《东海道五十三对·舵手桑名屋德藏传》 歌川国芳 绘

向渔民们强行索要捕得的鱼。渔民们倘若不给或是鱼量太少，海坊主就吐出黏液掀翻渔船，令渔民们船翻人亡。由此可见，它的形象可能更多地源于对海盗的妖魔化。

海坊主虽然干坏事，但也做好事。每当出海的渔民被雾困住分不清方向时，海坊主就会热情地指引渔民安全抵达岸边，而它依然站在海面上遥遥相望。这样看来，它算是妖怪中亦正亦邪的代表了。

海女房

うみにょうぼう

海女房（うみにょうぼう），也称为海夫人。女房，在日语里就是妻子的意思。海女房是海坊主的老婆，样貌类似于西方神话中的美人鱼。

海女房全身布满鳞，脚上有蹼，海陆两栖，常出没于岛根县附近的十六岛，因为是海洋妖怪，所以她十分喜欢吃鱼，尤其是咸鱼，但她并不自食其力，而是专偷渔民们的鱼。渔民们为了不让海女房得逞，用许多大石块压住渔网，然而这些沉重的大石块根本难不倒海女房，她力气大得出奇，总是轻易地搬开石头偷走网里的鱼。其实她之所以频繁地偷鱼，并不全为了自己贪嘴，很多时候都是为了自己和海坊主的孩子。

姥姥火

うばがび

《栖山节考》记载，古时大阪附近有个丢婆山，年迈无用的老婆婆们都被丢弃在这座山上，最后无助地冻饿而死。姥姥火就是这些被丢弃的老婆婆们的怨灵凝聚而成。它头上缠绕着红莲之火，总是突然从油灯或灯笼中出现，在空中飘来飘去；一边飞舞，一边还发出凄厉的尖笑声。碧油油的火球中，隐约可见老婆婆幽怨愤怒的面孔。

《怪物画本》之姥姥火 李冠光贤 绘

涂壁

ぬりかべ

深夜的海边、偏僻的山道、森林中，都有涂壁（ぬりかべ）的身影。涂壁的身体可谓刚柔多变，刚时，如铜墙铁壁般坚实；柔时，能化作任意形态的泥水倾泻一地。一旦现身，人们的眼前登时有一堵无边无际的白墙瞬间砌起，无论推也好，砸也罢，这堵白墙都纹丝不动。如果你因此惊慌失措，就会落入涂壁的圈套。此时要冷静地用棒子轻敲白墙的下方，白墙会立刻消失得无影无踪。

濡女

ぬれおんな

濡女（ぬれおんな），又名矶女、海女、海姬等。矶，海岸之意。濡女就是海边的女妖。她下半身呈龙尾或蛇尾形，上半身是女子形象，长发拖地、全身濡湿，从背后看去，如同岩石一般。

濡女有着超长的尾巴，据说长度有330米左右。平日里，她坐在海边的岩石上，只露出上半部分的女身，妩媚地梳理着随风飘动的长发，倘若有人为美色所迷，接近她并搭讪的话，她就会迅速地甩出藏在水下的蛇尾，将目标缠绕住，然后露出狰狞的本相，裂开大口，发出几乎可以刺破耳膜的尖啸，嘴里吐出蛇信般分叉的舌头，一口气吸干受害人全身的血液。在鹿儿岛县，渔民之间甚至传说只要看濡女一眼，就会得病死去，其可怖如此。为了不与濡女遭遇，渔夫们在盂兰盆会、大年三十以及七月十八的晚上，都绝不出海。

濡女 鸟山石燕 绘

濡女 佐胁嵩之 绘

见越入道

みこし

当你在山间的小道上行走，突然跳出一个斜着斗鸡眼的秃头妖怪，晃着一对大拳头喝道：“呔，此路是我开，此树是我栽……”那么，此怪正是见越入道（みこし），又称“望上和尚”。

见越入道可以自由地改变身体的大小，其原先的大小与普通人差不多，但在打劫时，为了显示自己的高大威猛，他会把自己膨胀数倍，变成庞然大物。当你仰视他时，你看得有多高，他就变得有多高，然后凶狠地俯视着你，企图借此吓唬住人们。

其实见越入道不过是外强中干，只要你鼓起勇气，尽力看得更远，超越见越入道变身的极限，他就会立即消失了。

《怪物画本》之见越入道 李冠光贤 绘

古笼火

ころうび

在草木也入眠的丑时三刻，如果你依然有兴致去山间行走，可能会见到一团团的碧火，火焰闪烁跳跃，渐渐飞近。如果你仔细地看，会发现那火焰中隐现的，竟是一个人的脸孔。

这火，就是古笼火（ころうび），系由鬼魂或精灵附灵于老旧的灯笼幻化而成。它无须燃料，在黑暗中会自然发光，常于山间小径出现，不会伤害人类。

古笼火 鸟山石燕 绘

百百爷

ももんじい

百百爷（ももんじい）本是关东地区一个孤苦的老人，后来离开村庄来到山林之中隐居，因为以山中野兽为食，头部慢慢地变成了猪面鹿角。当他在山林荒野闲逛时，常因相貌丑陋、衣衫褴褛而吓坏行人，他自惭形秽，遂刻意躲避人群，只在天黑时出来溜达。

不过百百爷可是个善良的妖怪，要是在野外碰到得病的人，他会毫不犹豫地出手相救。他在山间行走时身旁总围绕着雾气，远远望去，仿佛腾云驾雾一般，再加上手里拿着一根类似仙杖的拐杖，因此很多人恭奉他为山神。

百百爷 鸟山石燕 绘

以津真天

いつまで

以津真天（いつまで）是一种有着人头、蛇身、鹰啄，以及宛如刀剑般锐利钩爪的怪兽，其翅膀张开时可达五米之广，幕天遮地。

别看以津真天模样凶，其实它很热爱和平。它白天躲在无人知晓的隐秘巢穴中休息，等到入夜就在尸横遍野的战场上空盘旋，并从口中喷出怪火，染红夜空。一边喷，一边还发出“itsumade、itsumade”的叫声。“itsumade”音同日语的“到何时为止”。这声声哀恸凄厉的叫声，仿佛在控诉着大地的硝烟到底何时止息。由此可见，以津真天其实是为了唤起人类内心的罪恶感而出现的，随着死尸的增多，以津真天的数量也会渐次增加。

因此，只要在战乱时代，总能看到以津真天在天空盘旋着，虽然它不会直接对人类发动攻击，但若是一直处于被以津真天的怪火染红的天空下，人类会萎靡不振，最终精神崩溃而亡。

以津真天 鸟山石燕 绘

浪小僧

なみこぞう

浪小僧（なみこぞう），又称海浪小和尚，常年栖息于海中，是身体只有人的大拇指那么大的迷你型妖怪。因为他与河童出自同一族系，因而也被称为“海中河童”。

尽管长期居住于海岸边，但浪小僧比较害怕暴风雨，每逢快要降雨时，他就从海边迁移到陆地上暂时落脚，等天气转好再返回大海中去。海边的居民们往往会把浪小僧当成“天气预报员”，每当看到他从海边迁往陆地村落时，就意味着大雨即将来临。浪小僧也确实拥有对海洋天气的准确判断力，能够通过对海浪声的变化来判定什么方向将有降雨。故而有的地区也将浪小僧奉为雨神，干旱季节急需大雨时，大家都虔诚地期盼浪小僧能从海中来到自己的村落，同时带来及时雨。

海难法师

かいなんほうし

海难法师是伊豆七岛所流传的恶灵之一，其传说源于江户时代的宽永五年。一个名叫豊岛忠松的代官，一直欺压岛民，导致民怨沸腾。岛民们在忍无可忍的情况下，决定设计杀死他。某天岛民们利用所掌握的气象知识，推算出一月二十四日将有飓风。于是故意劝请豊岛忠松在那天巡视各岛。忠松果然中计，出海后被狂涛巨浪所吞噬。此后，每年一到旧历一月二十四日，忠松的幽灵就会变成海难法师，巡视各岛，所以岛民们在这天都足不出户。

五

家居建筑之怪篇

鬼混老／垢尝／毛羽毛现／家鸣／油赤子／天井尝／目竞／逆柱／食梦貘／飞头蛮／座敷童子

顾名思义，家居建筑之怪，就是出没于人类家庭、住宅中的妖怪。

鬼混老

ぬらりひょん

接近傍晚时分，对于突然来访的陌生老人，必须格外留神！尤其是衣着光鲜、一脸高傲的老头。此人通常身穿黑色羽织，腰际插着防身用的太刀，一副威严的模样。乍看之下，颇像是一个富商，沉默威严的态度，令人望而生畏。如果他登门拜访，千万别让他进去，否则可有得麻烦受了。他会大摇大摆地走进客厅，若无其事地喝着茶，甚至还会拿起主人的烟管，从容不迫地抽起烟来。无论他进入谁家，都当作是自己家一样，完全无视旁人的目光，不知道的人还以为他是主人的座上嘉宾呢！像这种不速之客，赶走他似乎显得不近人情，不赶走又会给家里添麻烦，真是伤脑筋！这就是赖着不走的妖怪“鬼混老”（ぬらりひょん），又称“滑瓢”。

据说鬼混老是妖怪大头目，也就是众妖怪的首领。妖怪之间要是起了口角或争执，都会找他主持公道，可见他是个大人物哦。如此一来便能理解，他的行径为何如此大胆猖狂了。

鬼混老的真面目其实是章鱼，貌似老人，特征是秃顶，穿高档有品位的和服。虽然他懂得利用人性的弱点，生性狡诈奸猾，可奇妙的是，他并不会加害于人，只会趁大伙儿忙成一团的时候出现，大家也就无暇看清他的模样。或许正因为他是有地位的妖怪，所以才会三不五时地选择人多的地方探视民情吧！

鬼混老　鸟山石燕 绘

垢尝

あかなめ

在众人皆睡，万籁俱静的半夜，一个妖怪不晓得从哪里潜入了浴室，专门舔食人们洗澡后的污垢。浴室愈脏，它住起来愈舒服。凡是被它舔过的地方，不会变得干净，反而会愈来愈脏，洗也洗不掉，形成恼人的顽垢。如果它舔食过程中被人发现，它就会放个屁，借“屁遁”而逃。在《画图百鬼夜行》中，画着一个只有一只脚，带着爪钩，披头散发的童子，伸出长长的舌头正在找寻污垢，那就是“垢尝”（あかなめ）。

垢尝是由于浴厕没有保持清洁，顽垢堆积，发霉发臭，最后变成了骇人的食垢妖怪。它的脸呈红色，除了给人带来不方便外，并不戏弄人，也不加害于人。除非有人突然勤快起来，将累积多年顽垢的浴厕洗刷得干干净净，才会引起它的不满。垢尝生气起来，没别的本事，就会猛放屁，长年囤积在肚子里的污垢化为臭气，可不得了呀，那股子臭味会久久挥之不去。

垢尝 鸟山石燕 绘

毛羽毛现

けうけげん

毛羽毛现（けうけげん），汉字意为“希有希见”“希有希现”，指稀有、罕见、新颖、不可思议的事物。它属于那种本性不明的妖怪，没有手和脚，全身被黑色的浓密长毛所覆盖，只在头上露出两只圆圆的眼睛。

毛羽毛现喜欢夜里出来活动，不过还好，虽说它样子有点吓人，但也只是这里走走，那里转转而已，没有什么攻击性的事件发生，真是莫名其妙的家伙。

毛羽毛现会把疾病带给不干净的人家，所以换句话说，要勤快点搞卫生，这样就不怕病魔入侵了。

毛羽毛现　鸟山石燕 绘

家鸣

やなり

家鸣（やなり），是居住在古屋屋顶或地板下的一种妖怪，又称“鸣屋”。要是晚上你总觉得房间里有一种奇怪的声音，吱吱嘎嘎地弄得满屋子都在震响，并且声音还总是从天花板、地板或墙壁间发出的话，那么不用说，肯定是家鸣在捣鬼了。

家鸣身材矮小，其形体充其量也只比苍蝇、蝼蛄大一些，它们往往成群结队地出没，分工合作，有的撞拉门窗、有的摇撼廊柱，总之，一切行动的目的就是使房屋发出声响，引起人的恐慌。但实质上这些声音是极其微弱的，对于人类而言，除了造成心理上的恐怖感觉外，倒没有别的危害了。

关于家鸣还有一个小故事，在但马国（今京都府）有一批浪人为了试试胆量，住进了一间以“鬼屋”著称的房子。三更时分，突然间，房屋震动摇晃起来，武士们还以为发生了地震，急忙跑出屋外，定神一看，摇晃的只是房屋而已。第二天，发生了同样的事情。于是，武士们便与一个僧人商议，在第三天共同住进了这间屋子。晚上房屋照样摇晃起来，僧人紧盯一处，口中念念有词，举起刀向摇晃得最激烈的地方刺去。只听一阵轻微的“吱吱呀呀”声，房屋停止了摇晃。天亮后，人们对房屋作了一番巡视，刀刺的部分还有血迹，几只比苍蝇略大的家鸣躺在地板下，已经咽了气。

《怪物画本》之家鸣 李冠光贤 绘

油赤子

あぶらあかご

赤子，婴孩之意。油赤子（あぶらあかご），从字面上理解，就是“舔油的小鬼”。

油赤子是卖油人死后所变，多以火球的姿态出没于日本东北一带，在空中飞来飞去。它不会伤害人类，也不会引发火灾，只喜欢在夜晚熄灯时，以小火球的形态飞进民宅屋内，即使是再小的空隙，它都有办法钻进去，接着变成矮矮胖胖的小孩子模样，贪婪地舔食纸罩灯中残留的灯油。舔完油后，又恢复成火球的形态飞出窗外。

油赤子 鸟山石燕 绘

天井尝

てんじょうなめ

古老陈旧、光线昏暗的屋子里，经常会出现一个专门爬到天花板上用长舌头舔舐天花板上沉积的灰尘，清洁四壁的妖怪，它就是天井尝（てんじょうなめ）。假如看到墙壁上或天花板上有逐渐扩大的湿漉漉的水印，别害怕，那只不过是天井尝的口水而已。

天井尝 鸟山石燕 绘

目竞

めくらべ

竞，竞争、比赛之意。所谓“目竞”（めくらべ），也就是互相瞪眼对视，看谁先忍不住笑起来或躲开对方的视线。

目竞通常出现在庭院中，其形象是许多骷髅头黏合堆积在一起，都瞪着巨大的眼睛。如果遇到目竞与你对视，千万不要躲避它的视线，要不然就会失明，这时候应该镇定自若地怒目与它对视，过不了多久，目竞就会胆怯而自动消失。

13世纪的军记小说《平家物语》卷五中，就记载了一则关于目竞的故事：一天清晨，入道相国平清盛从寝殿的内室走出，打开犄角上的小门，向庭院里望去。令他大吃一惊的是，庭院里不知何时竟充斥了无数骷髅头，上下滚动，忽聚忽散，轱辘轱辘地发出难听的声响。平清盛大声叫道：“来人啊！来人啊！”奇怪的是，平时就在殿外伺候的卫士却一个也没有来。这时，许多骷髅头黏合纠集成一堆，变成了一个大骷髅头，高十四五丈，跟小山一样，院子里几乎都容不下了。

平清盛心里怦怦直跳，正想避开那些目光，忽然想起曾经有阴阳师说过，此类怪物名叫“目竞”，如果回避它的目光将会导致失明。于是他深吸一口气，定下神来，毫无惧色地怒目相向。双方僵持了大概半个时辰，目竞被平清盛灼人的目光瞪得害怕起来，扭了扭头，消失不见了。

歌川广重笔下的目竞

平清盛怪異を見る圖
平相國清盛入道

逆柱

さかばしら

树木是有生命的，在生长时有上下之分，当它们被做成建屋用的柱子时，木工师傅如果不慎将木材上下颠倒错置，根部朝天花板、枝干的部分朝地板，就会形成“逆柱”（さかばしら）。那么柱子会很生气，后果也会很严重。因为柱子是房屋的主心骨，对家里的运气有着重要影响。

传说“逆柱”会在夜深人静时独自发出怪声，嘎嘎作响。自古以来，日本人就认为逆柱会带来火灾、家鸣、疾病等不吉利的事，所以木工这一行相当忌讳将木材上下颠倒。要是长期不理会逆柱，它会在柱体上显现人的哭脸，并且发出呻吟声。

日本最有名的逆柱，在日光东照宫的阳明门。门口十二根柱子中的一根，就是上下颠倒的逆柱。不过，这是为了消灾避难而刻意设计的，为了破除“建设完成的同时，崩坏随即展开”的魔咒，工匠们才留下这根“魔除逆柱”来避邪。

逆柱 鸟山石燕 绘

食梦貘

夢を食べる獏

食梦貘是一种能为人类吃掉噩梦，留下美梦的传说生物，因外形似貘而得名。

它本是中国的上古神兽，力量强大。大唐盛世时，中国国泰民安，人民美梦多多，噩梦少得可怜，食梦貘吃不饱，便漂洋到了日本。它昼伏夜出，每当更深人静时，就用灵敏的鼻子嗅探哪里有噩梦，然后找上门去把恶之梦境吸食掉，让人在一夜无噩梦的情况下安眠。过去的日本有出售食梦貘的画像，人们睡不好时，就把画像摆在床边，即可夜夜好眠。

葛饰北斋笔下的貘

飞头蛮

ひとうばん

江户时代，有一种可怕的长颈妖怪的传说，流传甚广。它们一般分为“脖子会伸长”和“脖子伸长后会飞出去”两种。脖子会伸长但不会飞出去的长颈妖怪，称作“辘轳首”（ろくろくび），特征是脖子可以伸缩自如，与井边打水时控制汲水吊桶的辘轳颇为相似，故名。而脖子伸长后会到处飞的，则称为“飞头蛮”（ひとうばん）。

飞头蛮与辘轳首这一类的妖异，在东亚和东南亚一带都广泛存在，要说到其起源，还得归溯于我国晋代干宝的《搜神记》，其中提到的“落头民”一族就是长颈妖怪。这个部族的人民每逢深夜时，一双原本再正常不过的耳朵就会长大，变成一双肉质的翅膀；然后首级离开躯体，像蝙蝠一样飞动，捕食夜晚活动的昆虫。黎明将至，落头民在外飞动的头颅会飞回与躯体接合。在日常生活中，丝毫看不出他们有什么异状，可是只要留心察看，即可发现他们的脖子后面有一条细细的肉红色疤痕。

这落头民有一个大弱点，就是在头颅和躯体刚接合完的一炷香时间内，身体特别虚弱，此时去取他们的性命，时机再好不过。杀死他们的方法还有一个：当他们的头颅外飞时，用一块铜板

歌川豊国笔下的飞头蛮

歌川国贞笔下的辘轳首

盖住他们躯体的脖颈，当他们的头颅飞回时，就无法和自己的躯体接合。不能接合的头颅只要被阳光照到，那个落头民就会立刻身亡。

相传三国时吴国大将朱桓便曾遇到过“落头民”。朱桓有一个婢女，每晚睡卧后，头就会自动从天窗或狗洞飞走，天快亮时才返回身体。某晚，婢女的头又飞了出去，与她同室的女伴朦胧中见她身上的棉被滑落了，便好心为她拉上被子，无意中将婢女颈部的缺口给盖住了。鸡鸣五鼓，婢女的头飞回来归复原位时，却怎么也找不到已让棉被遮住的身躯，不得不掉落地上，奄奄一息就要气绝。这时，朱桓恰巧走进屋里，见到了这一幕，相当震惊。婢女不断用眼睛向朱桓示意棉被，朱桓领悟，立即上前将棉被拉开，只剩一丝生机的婢女用尽全力让自己的头再飞起来，回到脖子原位上，从而恢复正常。

朱桓虽然救了飞头婢女一命，但心里总是隐隐不安，将“落头民”视为不祥的异类。为了寻求一个安定的生存环境，落头民一族便东迁至扶桑列岛，成为日本的飞头蛮。

飞头蛮平时以正常人形态存在，可是一到夜里，等到众人睡着了，飞头蛮的脖子就开始伸长，甚至比长颈鹿的脖子还要长，然后头从脖子的地方彻底和身体分离，一溜烟从窗外飞走，随意变换着头颈的角度，在街巷屋舍间四处游走，直到破晓时分才回到身体。这时候头部和身体会重新结合在一起，醒来后就像正常人一样行动。飞头蛮以耳朵代替翅膀飞行，最爱大啖空中的飞虫、地上的蚯蚓或蜈蚣。

在飞头蛮传说盛行的江户时代，飞头蛮多为女性形象，一般在深夜便化为飞头状态。她们伸长脖子，到处寻觅男子，吸其精血，在猎物毫无防备的情况下，冷不丁一口噬咬，吸尽其精血后才会飞离。或者将正在睡眠中的人勒住脖子，然后用尖利的牙齿将对方啃食殆尽。这一类的飞头蛮属于能够自主控制意念和行为，飞头时往往带有明确的目的，比如杀人或吸精血。她们有时五到十个群聚在一起，集体行动，相当可怕，属于危害性极高的一类妖怪。

但也有另一类飞头蛮飞头时处于无意识状态，因为其心中存在着某种执念，比如对某男子执着的爱恋，使得自己在不知情的状况下成了飞头蛮。她们仅仅是在睡觉时才不由自主地发生飞头，受潜意识驱使，浮游到自己喜欢的男性住处，钻进他的卧房，痴痴地凝望着深爱却无缘共枕的男子，静静地陪着他、守护着他，直到天亮方才离开。等她们清醒时，完全不记得夜里做过了什么事。此类型的飞头蛮不会害人。

此外，又有这么一种说法：飞头蛮其实是被枭号附身的人类。“枭号”是一种鸟的灵魂，会附在经常捕鸟、食鸟的人身上。被附身者七天内头部与身体会分离，随后变成一堆枯骨。

无论哪一类的飞头蛮，到了早上，如果头颅能够顺利回到身体就没事；若是头回不来了，那么这个飞头就会像游魂野魄一样四处飘荡，直至最终气绝。

由于飞头蛮的头部和身体经常分离，因此在脖颈处，有缠绕红丝线的习惯，当结束夜晚的浮游返回身体时，她们就依照红线作为记号使身首重新正确结合。所以在日本民间流传着“看到脖子缠红线的女人千万不能娶”的说法。

座敷童子——ざしきわらし

“座敷”在日文里是房间、居住之意。座敷童子（ざしきわらし），妖如其名，其外形是一个身穿红色和服的女孩童，主要寄住在破旧、有小孩子的房屋里。近几十年来，她在日本人气之高，大有赶超河童、天狗等名妖之势而成为新晋“国妖”。因为她是一位人人欢迎的好妖怪，既是房屋的守护神，又象征着好运、幸福，她所经之地，一切不幸与负面影响都能一扫而空！

座敷童子通常会以小女孩的姿态附在家中，帮助人们照看孩子、和小孩玩耍。但是成年人均看不到她，只有幼小、纯真、毫无心机的孩子才能看到她的身形。传说只要有座敷童子在，家业就会兴旺，财源广进、福禄双至，即使遭遇极大不幸的家庭，只要座敷童子到来，一切噩运都会祛除。因此，不少日本家庭都会在门前放置糕饼，座敷童子吃了之后就会住下来一阵子，为这个家带来幸运；相反地，若是有人待她不好，座敷童子便会跑掉，并让此人的家庭衰败没落。常常有一些贪得无厌的家庭会请法力高深的邪门法师以结界困住座敷童子，限制她的自由，强行将她束缚在家中。座敷童子最痛恨的就是这种自私的人，一旦发现有人居心叵测，就会毫不犹豫地离开。传说古时某地有个富翁叫山口孙左卫门，家中人丁兴旺。某年有个外地人来到此地，在路口遇见一个小女孩，便上前问路。小女孩回答说，我已经不住在这儿了。外地人便问，那你从哪里来？小女孩答说，从山口孙左卫门家来。外地人又问，你到哪儿去？小女孩说了一个外地慈善长者的名字，随即快步离去。不久外地人醒悟过来，自己可能遇到座敷童子了。果然，山口孙左卫门一家由于座敷童子的离去，迅速败落凋零，全家二十余口除了一个七岁女童外，其余全部死于误食毒蘑菇，而七岁女童长大后也一生未嫁，没有子嗣。

人们是那么期盼座敷童子能来自己家长住，不过，很多人根本就不知道自己家已经幸运地有座敷童子前来护佑了。其实只要留心观察，还是能够注意到的。因为座敷童子很喜欢与小孩子一起玩，如果你看到自家的孩子一个人笑呵呵地，还跑来跑去，仿佛同人在嬉闹；或者总是目不转睛地盯着家里某个地方，那么肯定就是在和座敷童子玩耍了！

倘若是一群小孩在家中玩耍，你去数小孩个数，总是觉得多出来一个，但仔细去看的话，却又不明多出的到底是哪一个，看上去都是自己熟悉的面孔。那不用说，又是座敷童子在其中捣蛋啦！

座敷童子的个性十分调皮，有时会在半夜发出巨大的脚步声，让人睡不着觉；或者是欺负你独自在家时，突然发出怪声吓你，但总的来说，座敷童子其实是很孩子气且善良的，她开的玩笑都无伤大雅，对人类全无害处。有时，她还会预先警告火灾、地震，让人们防患于未然。

座敷童子最喜欢到贫困的人家去居住，为穷人家带来希望与幸福。等这家人富足了，她又再去别的穷人家济贫。据说，这跟她的身世有关。

在镰仓幕府时期，东北岩手县乡下的一间破屋子里，住着一个小女孩和她的母亲，由于父亲去世了，母亲又有病，母女俩的生活只能靠女儿天天上山采药来维持。

一天清晨，小女孩和往常一样去采药，谁知一去不回，母亲伤心欲绝，但奇怪的是，此后每天，母亲依然能够在门口看见新鲜的药草，药草足够维持日常生活，有时竟然还有珍稀名贵的药草出现，可以用来治病。疑惑的母亲问遍了村里所有人，大家都不知道是谁做的。母亲于是故意躲起来，想暗中看看到底是谁采来药材。

第二日天刚蒙蒙亮，朦胧中一个小女孩出现在家门口，手里抓着一把草药，依稀间竟是女儿的模样。母亲大喊一声，冲了出去，女孩闻声扭头就走。母亲失魂落魄般在后面紧跟着，但无论母亲怎样用力追，总是追不上女孩。最终她们来到了一个悬崖前，小女孩眼泪汪汪地望着母亲，转身一跳，消失在云雾中。

母亲扑上前去，地上只余一个药篮和一双鞋。原来，那天小女孩上山采药，不慎失足，早已摔下悬崖跌死，但放心不下母亲的执念，使她化作座敷童子，继续日日采药奉养母亲。生前的痛苦，令她产生了为人们带来幸福的信念，这一强烈的信念得到神明的赞赏，于是赋予座敷童子为人造福的强大灵力。因此，座敷童子特别喜欢帮助穷困人家，进而成为每个家庭的守护神。

六

器具之怪篇

返魂香／角盥漱／琴古主／木鱼达摩／白容裔／屏风窥／反枕／杖入道／机寻／胧车／绢狸／棘琵琶／云外镜／蓑草鞋／钓瓶妖／砚魂／道成寺钟

老一辈的日本人都相信，家里的各种生活用品如锅瓢、碗盆、杯盘、筷子、桌椅、澡桶、油灯、雨伞等，在人类长期使用之下，接触了浓郁的人气，经年累月间灵力不断得到增强，慢慢地就会变成器具之怪。此外，如果将器具放置百年不理，任其吸收天地精华、积聚怨念或感受灵力而得到灵魂，它们就会变成总称为『付丧神』的妖怪。器具之怪的形象与妖力，多与其变幻前作为器物的功能属性相合。

返魂香

はんごうこう

“北方有佳人，绝世而独立。一顾倾人城，再顾倾人国。宁不知倾城与倾国？佳人难再得！”这一首传唱千古的《佳人歌》，写的是汉武帝与李夫人的爱情故事。“返魂香”即与此息息相关。

返魂香（はんごうこう），是中国古代的一种香料，据《海内十洲记》记载，它初次出现在汉武帝时期，由西域月氏国进贡而来。“斯灵物也，大如燕卵，黑如桑葚，燃此香，香气闻数百里，病者闻之即起，死未三日者，薰之即活。”汉武帝曾点燃此香，召唤死去的李夫人，可惜返魂香只能救活死去未满三天的人，李夫人的魂魄短暂归来，在屏风后为汉武帝跳了最后一支舞。在场的李延年目睹此情此景，涕泪滂沱，挥笔写下了不朽名篇《佳人歌》。

随着中日香料贸易的频繁，返魂香也漂洋过海来到了日本。日本人起初并不知道它的神奇功效，在京城中点燃了香料，结果“其死未三日者皆活，芳气经三月不歇”。——导致了一场人与亡魂的惨烈战争全面爆发。这就是传说平安时代人鬼并存的原因及背景。

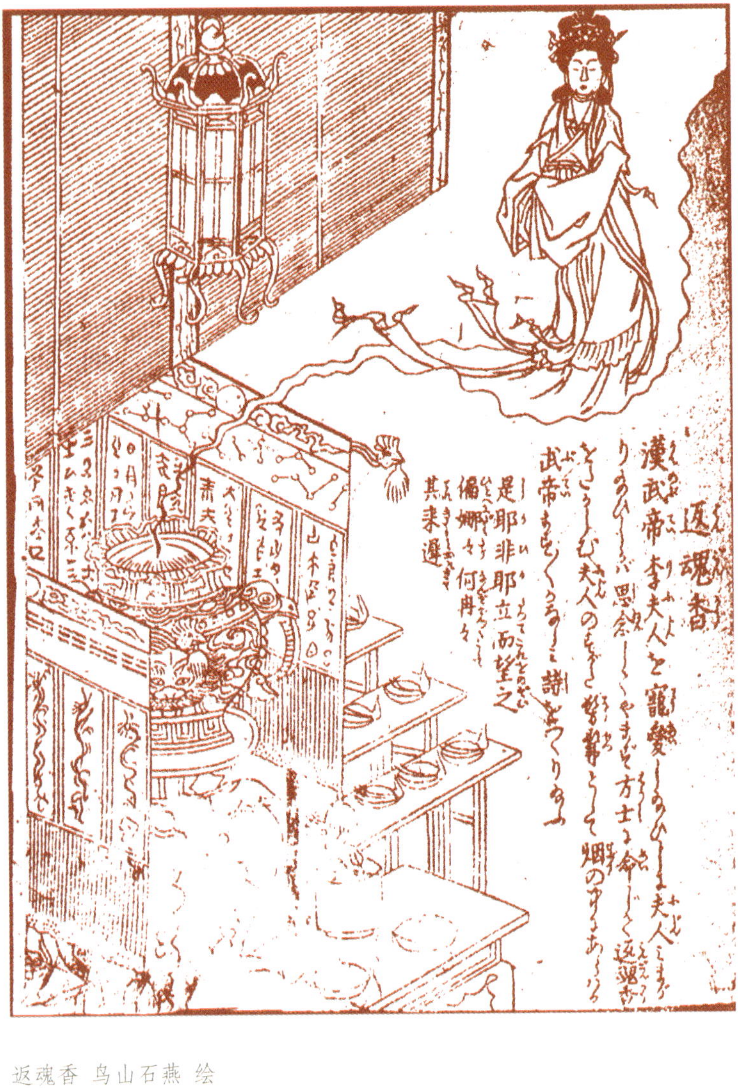

返魂香 鸟山石燕 绘

角盥漱

つのはんぞう

角盥漱（つのはんぞう），典型的由经年器具所化的付丧神。它本是用来盥洗的盆状器皿，以圆木制成，涂着黑色的漆，安着四条长长的支架。支架的作用是为了盥洗时，把袖子挂在支架上不让盆里的水浸湿衣服。

角盥漱因为体积笨重、占用地方，在木桶式脸盆大范围使用后，就被逐渐淘汰了。经年不用的角盥漱，被人遗弃在角落里，就悄悄地化为了妖怪。

不过，虽然日常洗漱用不到它，但男人在剃头时，女人在婚后染黑齿时，都还要再用到这种盆。如果不留神，映在水面上的人脸会被妖怪窥视到。到了深夜，要是再看到这个角盥漱，妖怪就会用支架把人的袖子缠住，人的脸便会永远消失掉！

角盥漱 鸟山石燕 绘

琴古主

ことふるぬし

一位嗜琴如命的文士家里所用的琴，在主人死后，琴因为无人弹奏，经过悠长岁月的尘封后，化成了妖怪——琴古主（ことふるぬし）。它身上的根根琴弦像飞舞的龙须，琴额上有两颗大眼珠闪闪发光。琴古主常在深夜自行翻阅琴谱，弹出乐曲，琴声或激愤或幽怨，如泣如诉，令听到的人无不毛骨悚然。

琴古主 土佐光信 绘

木鱼达摩

もくぎょだるま

木鱼是外形酷似鱼头形状的一种木制器具，腹内中空，敲之有声。僧人日常修行时，有节奏地敲打木鱼，可起到“警昏惰、驱魔障”的作用。香烟袅袅、佛声朗朗，少部分木鱼因为整日聆听僧人诵读经文，受佛性熏陶，化成了名为“木鱼达摩”的妖怪。它外形圆胖，常于午夜时现身并发出“咄咄咄”的木鱼敲击声。

木鱼达摩 鸟山石燕 绘

白容裔

しろうねり

任何家庭里都会经常使用到抹布，抹布也是最经常更换的居家物品。白容裔（しろうねり）就是由白色的旧抹布变成的妖怪，因为频繁地被用于擦拭各类脏东西，白抹布全身破破烂烂，充满了馊臭味。它是那样地不起眼，以至于一用完就被随手扔到晾物绳上，从此无人问津。时间一长，长期闲置的白抹布积聚了深深的怨念，化作蛇一样的怪物，每到深夜就从晾物绳上飞下来，飞进人类的屋子里，甩动身子，缠绕抽打，将所有的委屈一股脑儿地发泄在各种摆设上。

白容裔 鸟山石燕 绘

屏风窥

びょうぶのぞき

“鸳鸯被底拥香躯，锦帐红闺私语新。”每一对情侣都曾经海誓山盟，然而有几人能厮守到老？一个美丽的女子受到欺骗，相信了男子口上说的愿做“比翼鸟、连理枝”，失身后却立即被男方抛弃，她伤心欲绝，在幽会的房中终日哭泣，痛骂那负心寡义的薄情男子。这一切都被七尺屏风看在眼里，为女子复仇的怨念，令屏风变成了妖怪。

屏风窥 鸟山石燕 绘

反枕

枕返し

反枕，又称“枕返”，在无人的夜晚，越来越浓的睡意已罩住梦境，人们渐入梦乡。这时，一个小孩模样的妖怪蹑手蹑脚地出现了，它将熟睡者脑袋下的枕头拿掉，然后垫在脚下。搞这种恶作剧的妖怪，被称为“反枕”。

别看反枕只是轻轻地翻动枕头，但已经令睡着的人改变了梦境，熟睡者的潜意识被操控，陷入了与现实的美好希望完全相反的悲惨梦境中，如果不能及时醒来，将永远地沉沦在虚幻的世界里，失去方向，并永久地消沉下去。如果你做了这样的梦，那么醒来时，一定要重拍一下后背，将附在身后的反枕赶走，以后才能安心睡眠。

反枕 鸟山石燕 绘

杖入道

つえにゅうどう

游方的僧侣执着禅杖四处游历，如果耐不住清苦疲劳，破了佛的戒律，就会堕落魔道。那么他的禅杖也会随之变成大头的秃顶妖怪，这就是“杖入道”。

杖入道具有引路的本领，遇到十字路口时，只要放开手中的禅杖，沿着禅杖倒下的方向走就对了。它还能找到水源或矿脉。不过杖入道也有着将人导向恶的魔力，对于它指示的方向，要小心谨慎。

机寻

はたひろ

机寻（はたひろ），典出唐诗“自君之出矣，不复理残机”。古时日本有位女子的丈夫离家远行，女子朝思暮想，长时间无心上机织布，织机荒废残破，变成了妖怪“机寻”。机上每一根织线都化作一条蛇，游走出去，替女主人寻找丈夫。

机寻 鸟山石燕 绘

胧车

おぼろぐるま

在古代的日本，京都、奈良等大城市经常举行各种祭祀活动，诸如“祇圆祭”“葵祭”等。每当祭祀活动开始时，人们都争先恐后地涌上大街，一睹祭祀的风情。权贵们一般都乘坐华丽牛车出行观看，但道窄车多，于是争抢车位便成为司空见惯的事情。牛车彼此倾轧的情况非常激烈，甚至会有人流血丧命。“胧车”（おぼろぐるま）就是在争抢车位的斗争中，车轮因为染了太多的血，而变成了妖怪。

胧车外观是一对大木车轮，浑身缠绕着青绿色的火焰，移动速度不但快，而且冲击的力道也不可小觑。在月光朦胧的夜晚，赶夜路的人会在贺茂的大道上看到胧车，从正面看，平时悬挂帘子的地方浮现出一张巨大的女性脸庞，怒眼圆睁、大嘴横咧，满是万念俱灰的神情，似乎有无尽的怨恨要找人倾诉。

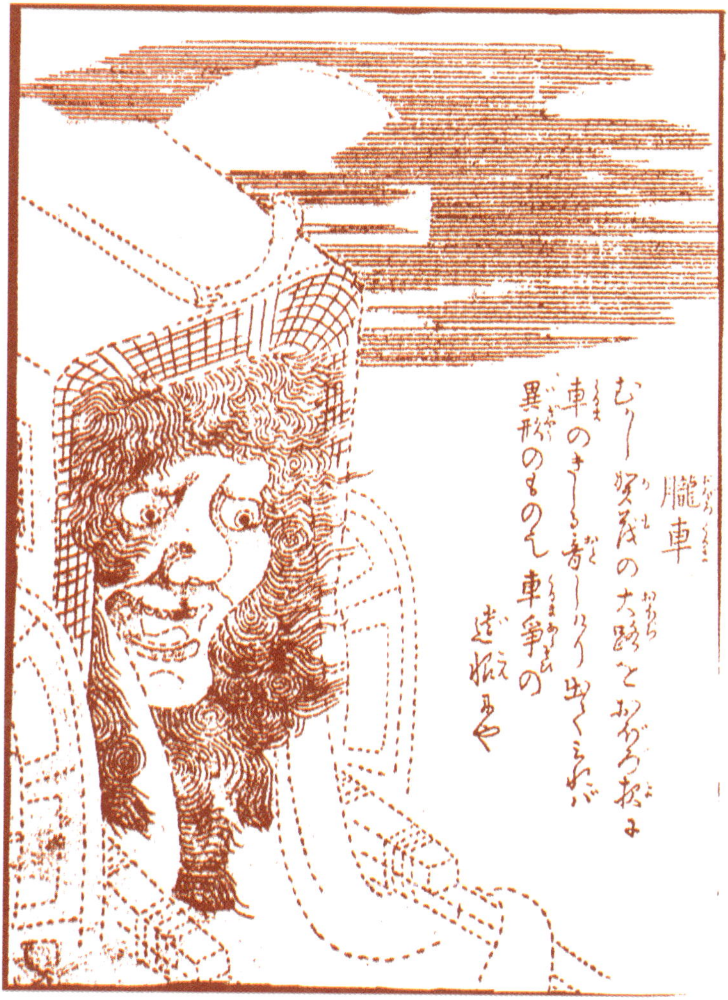

胧车 鸟山石燕 绘

火车

かしゃ

生前恶贯满盈的罪人一断气，尸体旁立刻出现一辆燃烧着熊熊烈火的车子，这就是火车（かしゃ）。它专门负责拉载恶人的尸体前往地狱，即使是已经装进棺木的尸体，火车也会打开棺盖把尸骸夺走。

《怪物画本》之火车 李冠光贤 绘

绢狸

きぬたぬき

绢，平纹织物，质地轻薄，坚韧挺括。日本的八丈绢是丝绢的上乘品类，绢狸（きぬたぬき）即由八丈绢所化。说起它变成妖怪的理由比较滑稽，八丈绢因为自身的品质、式样、剪裁都是一流的，就特别想让更多的人看到，可是丝绢没有脚走不了，于是它就变成了毛色华丽的绢狸，跑到街町、田野上炫耀，让每个人都能欣赏到自己。

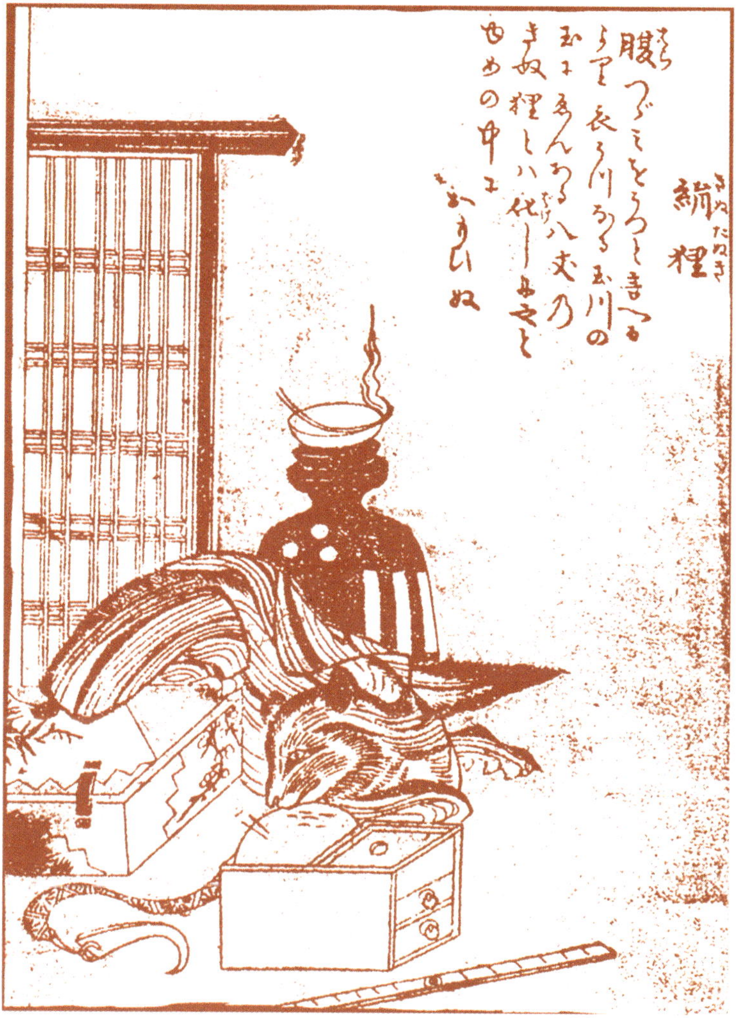

绢狸 鸟山石燕 绘

棘琵琶

おどろびわ

琵琶，拨弦类乐器，音域广阔、演奏技巧繁多，具有丰富的表现力，它那奇妙的音色据说可以呼唤灵魂归来。棘琵琶系用天上的圣木制成，腹内置两条横音梁及三个音柱，通体施有螺钿装饰，工艺精细；其音质铿锵饱满，音色清脆纯净。如果你有机会弹奏棘琵琶，天神们将陶醉其中，心神荡漾，愉快地保护你的家居安全，但倘若弹奏的曲调不和谐，琴弦发出断裂之音，琵琶便会狂乱地变成妖怪，使家运衰微。

云外镜

うんがいきょう

云外镜（うんがいきょう）是一种能映射出远方影像的镜子，从中可以看到人间天上每一个角落的各种事物，类似于如今的电视，或是吉卜赛的占卜水晶球。云外镜的前身是一面花铜镜，历经五百年修炼，吸收天地灵气，幻化成为镜妖。

云外镜容易跟照妖镜混淆，因为照妖镜可以映照出肉眼看不见的妖怪，而云外镜也能照出怪异的脸孔。

云外镜 鸟山石燕 绘

蓑草鞋

みのわらじ

顾名思义，蓑草鞋就是家里的草鞋因年岁太大而变成的，其外形也是草鞋样，鞋正中有眼，脚跟处伸吐着长舌头，看起来颇为滑稽。

蓑草鞋对于人类完全没有危害，只不过喜欢搞点小恶作剧，比如用舌头舔你的新鞋子，让鞋子充满脚臭味，要是穿着这样的鞋子出门，真会令人尴尬不已。

蓑草鞋 乌山石燕 绘

钓瓶妖

钓瓶おろし

钓瓶是古时人们用来从井里打水的吊桶，装有把手，只要将手一放开，吊桶就以飞快的速度“噗通”一声掉入井里头。而钓瓶妖（钓瓶おろし）就是身子似钓瓶的一种妖怪。它日常潜伏于大树上，一旦有行人从树下路过，它就会以迅雷之势从树梢上飞快落下，将一个吊桶套到行人的头上，然后再拉上去咬死。

干完一票害人的勾当后，钓瓶妖会立即换个地方。若闲来无事，它就吊在枝头，上上下下地晃荡，口中喃喃自语着：“夜班上完了吗？要不要把钓瓶放下去呀？”

砚魂

砚の魂

日本名砚颇多，尤以赤间砚最为有名，被尊为“御砚”。源平争霸之际，源氏与平家在下关海峡的坛之浦海湾，进行了最后的决战，平家全军覆没，幼帝安德天皇投海丧生。战后，源氏军队将安德天皇的遗体打捞上岸，葬于赤间关。从此平家怨魂便一直在赤间关徘徊。

砚台是赤间关的特产，相传宋朝曾赐给平清盛一块名砚——“松阴”，被其视为家宝，可见砚台和平家一门渊源甚深。平家武将的灵魂就附在与平家颇有缘分的赤间关砚台上。夜深人静时，如有人讲述《平家物语》的故事，平家怨魂就会化作小人，重现源平合战时两大势力在海上拼死交战的场景，此时不仅能听见士兵厮杀之声，还能听见海浪激荡拍打的声音。

砚魂 鸟山石燕 绘

道成寺钟

道成寺の鐘

有所欲求而不得满足，实在是令人倍受煎熬。道成寺的吊钟，讲的就是求之不得、因爱生怨的故事。

道成寺位于纪伊半岛西部的岬角，据说是在8世纪初，奉当时的文武天皇敕命而修建，是纪伊国（和歌山县）最古老的寺院。后因“安珍·清姬”之传说名闻遐迩。

安珍是鞍马寺的僧人，相貌英伟俊秀，加上谈吐高雅，吸引了远近不知多少怀春的女子。他每年都要苦行到熊野圣山参谒佛法，途中总要在一位富商家歇宿。富商是礼佛之人，因此每次安珍来，皆殷勤招待，他的女儿清姬也在一旁帮忙。

年复一年，渐渐地，清姬长大了，到了思春的年华。不知何时起，她爱上了美男子安珍，日日倚门翘首，期待着安珍上门。她不顾安珍已经身入空门的现实，发誓一定要与安珍结为夫妻。

这一年，安珍如期登门，清姬急忙穿上最好的衣服、戴上最美的首饰，躲在暗处痴痴地望着安珍。只见他虽然风尘仆仆，却依然丰神俊朗、举止翩翩，清姬不由得晕生双颊，一颗芳心怦怦直跳。当晚夜半时分，月色迷离，按捺不住闺情的清姬闯入安珍的房间，大胆求爱说：“日夕慕

道成寺鐘
紀州日高郡矢田庄
文武天皇勅願所道成寺冶鐘
勧進比丘別当法眼定秀檀那
源万寿丸并吉田源頼秀合山
諸檀越男女大工山願道願小
工大夫守長延暦十四年乙亥
三月十一日

道成寺钟 鸟山石燕 绘

君，相思愁苦；想是前世因缘注定，妾愿以此身托付君心，君可愿与妾身结缡？”安珍大惊失色，他是一个德行高尚的修行者，又有戒律的束缚，怎能动妄念凡心？于是再三向清姬阐明心中虔诚向佛之意，但清姬柔情蜜意，苦苦痴缠，就是不肯离去。安珍无奈之下，将身边带的佛像送给清姬，假意敷衍说：“我为早成正果，坚持年年参谒佛法。此番待我参拜之后，即回来与你欢聚。”清姬信以为真，喜悦不已。

次日一早，安珍起身告别，清姬反复叮嘱，请他参谒完一定要回来，安珍随口答应，说少则三天，多则七日，定然归来相聚。

安珍走后，清姬每天都痴情地抚摸着安珍所赠的佛像，梦想着美好的未来，然而，苦等了整整七日，安珍却渺无影踪。清姬坐立不安，跑出家门，到各个路口、渡口询问有没有见到如此这般的一位俊美僧人？有人告诉她，那僧人已经径直向前去了。清姬无论如何不相信，但每个人都这样回答她。

相依相守的心愿落了个镜花水月，遭到欺骗的清姬恨由心生，发疯般往前方追赶安珍，她一路狂奔不息，失了木屐、散了束发、破了衣裳，如花似玉的少女，渐渐变得面色青黑，憔悴不成人形。终于，在日高河畔，她追上了正准备渡河的安珍。

哪知安珍见到披头散发的清姬，急急拔腿便跑。清姬既惊且怒，心中怨恨如火山爆发。她狠狠地将佛像摔进河里，水面荡漾，清姬一望水中，见到自己的容颜竟好似鬼魅般丑陋。原来痴嗔爱怨，已经让她的五官扭曲不堪了。

歌川国芳笔下的清姬

趁清姬自怨自艾之际，安珍逃上了日高河渡口的最后一艘船，顺流而去。可怜的清姬人不像人、鬼不像鬼，伤心欲绝地在河边彷徨，眼睁睁地看着安珍就要消失在视野尽头，她急火攻心，灰心绝望，一咬牙，纵身跃入滔滔日高河，刹那间，体内所积累的怨念愤憎，竟使她化为身长二丈的大蛇，一口气游上了对岸。

安珍一路疲于奔命，躲藏进了道成寺。大蛇清姬也一路尾随，追进了寺。安珍恳求道成寺里的众僧帮忙，凑巧殿内正在修补钟楼，卸下吊钟搁在地上，众僧便将安珍藏在吊钟里。

清姬大蛇血目焰口，甚是可怖，众僧吓得纷纷走散。她一边吐着蛇信，一边爬上石阶，寻遍了寺院里里外外。此时她的嗅觉已比凡人灵敏许多，见每间僧房都空无一人，而一口大吊钟内却隐隐散发出人气，便料定安珍是躲在吊钟里。她将身躯节节盘曲，绕成七节，缠住吊钟，企图由上而下将大钟掀开，但大钟沉重坚固，根本无法掀动。清姬无可奈何，又不甘就此离去。执拗的她怨安珍背弃诺言，恨有情人偏逢薄情郎，内心的怒火难以抑制，终于喷薄而出，令身躯燃起了熊熊烈火，吊钟被这怨念之火烧得通红。

燃烧的爱到了极点就成了深恨，和心爱的人不能同生，那就同死吧！清姬神情哀切，泪中滴血，血色殷红。转而又游下山，回至河边，沉水而死。

吊钟的大火熄灭后，寺里的僧人合力把吊钟打开，钟内的安珍已烧成了焦炭，只有念珠一串仍执于掌中。

因为狂热炽烈的爱，清姬化身为蛇，追逐着爱，可最后得到了爱人的性命，依然得不到真爱。众僧和乡民们无不唏嘘感叹。过了数日，道成寺的住持做了个怪梦，梦见两尾纠缠在一起的蛇，其中一尾向住持说：“我就是在吊钟内被活活烧死的安珍，因为在地狱与清姬结为夫妻，无法成佛。请住持超度我等二蛇，脱离苦道。”

第二天，住持为他们举办了盛大的法事。当晚，住持又梦见一僧一女合掌致谢道：“我等因师慈惠，今已升天。多谢大师超度，我们会护佑道成寺的。”

这段故事后来被完整地绘制在道成寺的寺宝——《道成寺缘起》上，该绘卷完成于1427年，长四十米。《今昔物语集》、人形净琉璃剧、动画片《道成寺》等文艺载体也对此记叙详尽。

只为一句承诺，便要生死看待。此刻还是春风和煦情窦初开，彼时便已翻作修罗炼狱怨海沉浮。美丽的清姬、逃避的安珍，痴怨的爱情、千年的道成寺，还有寺里那悠悠的钟声，一切的一切都随着绵绵的清水，流向了天际……

七

动植物之怪篇

猫妖／犬神／入内雀／木魅／镰鼬／人面树／地震鲶／铁鼠／鸮／芭蕉精

所谓『动植物之怪』，就是动物和植物所演变的妖怪。日本人继承了中国『物久成精』的民间说法，认为动植物若长期吸收天地精华并加以修行，就会变成超自然的妖怪。

猫妖

ねこまた

猫，神秘、妖异、蛊惑、柔媚、可爱，它属于高低错落的屋檐和漆黑的月夜，属于永远不羁的生活。人类与它是如此亲密接近，却又如此遥远陌生，即使你将它搂入怀中，也永远无法靠近它的心灵。在日本，猫更被视为最具灵气的诡异动物。

日本原来是没有猫的，奈良时代，为了避免老鼠肆虐，咬坏那些好不容易从中国传来的佛经，猫也跟随佛经被引进日本。有了猫守护典籍，老鼠才不敢猖獗。

有关猫的文献记载，最早出现在《日本灵异记》，描述一只猫死后产下的胎儿竟然变成人的故事。从平安时代开始，猫被当作宠物饲养，因此在女性文学《枕草子》及《源氏物语》里都有出现猫的踪影。

当时只有少数富人和猎人才养得起狗，但养猫的人则不分贫富贵贱，几乎遍布社会的各个阶层。饲养在家中的猫，虽然似乎更贴近人的生活，与人的距离更为亲近，但是猫的瞳孔为了吸收更多光线，在白天和夜晚，会有缩小、放大的微妙变化，还有它的表情和动作，经常给人一种神秘乃至邪恶的感觉。猫也不像狗那么容易被驯服，不管是家猫还是流浪猫，一旦遇到危险，或是突然歇斯底里起

《日本驮右卫门猫之古事》 歌川国芳 绘

来，就会受到本能的驱使，显露出残暴的野性，教人不敢掉以轻心。

此外，猫眼有一种催眠师般的诱惑，色彩斑斓、如有魂魄的钻石把阳光折射成利剑，穿透人类的身体。猫的身体光滑如绸缎，皮毛下深藏着不可捉摸的骨骼；它们的腰肢是如此柔软脆弱却又拥有诡异的力量；猫的叫声充满了疯狂、野性和蚀骨的勾魂；猫的爪子深藏在肉垫之中，悄然而至，又瞬间消失，只在人们的脖颈上留下鲜血淋漓的记忆，因此，猫逐渐被看成是充满了妖气的动物，而后

又演化为不祥、恐怖的意象，猫妖也就正式跃上了灵异奇谭的大舞台。

很多地方的传统观念都认为，动植物活得太久，就会“成精”，猫妖的由来也一样。日本民间向来有“养猫之患，忧其异变”的说法。

据说猫有九条命，当猫活了九年后，就会长出一条尾巴；而后每九年长一条，一直长到九条。有了九条尾巴的猫再过九年，即可化成人形。这类猫精在中国叫“九命猫妖”，在日本则称为“猫又”（ねこまた）。鸟山石燕的《百鬼夜行绘卷》中，猫又头戴布巾，用

《流行・猫之手鞠》 歌川国芳 绘

《当世见立忠臣藏》 落合芳几 绘

两条后腿站立，眼神狡黠，显得妖气十足。

一般能从普通的猫进化为猫妖的，都是具有十年岁数以上的老猫，通常以老太婆的形象显现，其最明显的特征是尾巴在末端分叉成两股，所以猫妖又名“猫叉”，妖力越大，分叉就越明显。猫叉的身体大约是人类体型的一倍，更大只的猫叉甚至可以长得像小牛一般。

越老的猫妖体魄越强壮，而长有翅膀的黑天使大猫妖，则是猫妖中的极品。在猫妖群中，它是最可怖、最诡秘的存在。

猫的牙齿本就尖利，成妖后更加厉害。碰见猫妖可不是什么好事，它会凶残地用不逊色于猛犬的凌厉牙齿，将招惹它的生物撕裂后吃掉。另外，它还会乔装为美女或老太婆来欺骗路人，不过前提是它已经吃掉了所要变为对象的那个人。猫妖吃人的原因是为了维持自己的生命和灵力。具有可怕魔力的猫妖，在吃早饭之前，会以人声说话，在将人吃掉后，变成此人的肉体伺机寻找下一个猎物。一般而言，要避免被猫妖攻击，可请它吃加鱼的小豆饭，在它吃得津津有味时，温柔地抚摸它，轻声请它离开，它就不会对人造成任何伤害。

有很多子女不在身边的老年人，喜欢养猫做伴，但猫妖会对自己年迈的主人下毒手。所以，为了防止老猫变成猫妖，便要在它还是仔猫时把尾端切掉，只留下短短的根部，这样一来，就不怕到时候猫尾分叉，变成猫妖在家中作祟了。

猫妖既有了人的面孔、人的身形，便能感知人类内心的想法。

通常猫妖只攻击它怨恨的人，但是如果遇到性情凶狠、手段残暴的猫精，只要一看到人，就会不分青红皂白，一律加以伤害。传说中也有善良的猫妖，常变成少女模样亲近人类，当然性格也是很温顺的，平日喜欢吃鱼，身体轻盈，喜欢偎依人类，但常被人伤害。

猫妖最恐怖的一面，应该还是尸变。它精通操控尸体的妖术，能将尸体像提线木偶那样随心操弄，不管在东方还是西方，都有被猫爬过的尸体或坟墓会发生尸变的忌讳。日本民间更是坚信一旦猫从棺材上跳过，死人就会复活。为了避免猫和死者有所接触，人们会在死者的枕边放一把刀，这其实是老年人为了防止儿孙不孝而编撰的。民间有为逝去的人守灵的传统，但如果遇上不肖子孙，把老人的棺材和灵位丢在一边不管不问，守灵之处也无人搭理，等猫都跳到棺材上了，前人就会尸变，跳出棺材教训自己的不肖子孙。这个民间传说其实是为了警示后人而流传下来的一个善意的故事，只是在流传过程中被越传越玄乎了。

当猫妖进行尸变时，会绑着头巾，用后脚站立，一边跳着舞一边将尸体盗走，所以举行葬礼之前，日本人会把猫寄在邻居家，或者关进自家的储藏室，等到仪式结束才放出来。另外，日本人还认为，走在路上，如果看见猫从路旁横越而过，会走霉运；如果不小心杀掉猫，也会招来横祸，这些传统足见东西方对于猫的恐惧心理，几乎如出一辙。

犬神

いぬがみ

犬神（いぬがみ），又称狗神、犬神统，是九州岛、四国一带势力庞大的妖怪。它的外形与天狗有几分相似，但更像是狼犬所化，青褐色的皮肤、锋利的爪牙，面貌狰狞。作为雷系的妖怪，它拥有较高的地位，头上还戴着一顶象征身份的小官帽，衣裳却穿得破破烂烂的。

犬神的正体被认为是死后留在世间徘徊不去的狗灵。犬神拥有犬类的一切特质：行动迅捷、嗅觉灵敏、强大忠诚，而且还很善于把握人类内心的思想，能洞察到嫉妒或是憎恶等不良的念头，并利用这一点来附身人体。

犬神经常作为“式神”被阴阳师们召唤。但犬神的灵力很高，万一主人本身的灵力无法压制它，便有可能发生“逆风”，被它反噬。

犬神最可怕的一面，是它被作为蛊毒使用时。西日本被公认为是犬神的聚集地，那里除了犬神数目众多外，还有一部分专门操控犬神的人，称为“犬神使”。犬神使为了驱使犬神，常取犬的灵魂进行养蛊。犬神使以巫术操纵之，用于诅咒伤人，这就是“犬神之蛊”。

被犬神蛊附体的人，通常会精神错乱、丧失自我，并在昏迷的状态下不由自主地产生歇斯底

犬神 佐胁嵩之 绘

犬神 鸟山石燕 绘

里的行为，做出一些常人难以理解的事情，或是莫名其妙地发高烧、全身疼痛难忍。更严重的甚至会倾家荡产、死于非命。

一旦被犬神附上，不能找医生诊治，应立即请祈祷师祓除，还有说法认为只有放蛊的犬神使才能解毒。被犬神附身的女子，在结婚生育后其子女将成为真正的犬神。所以在四国的一些乡村，都要对新娘进行检查，看其是否为犬神附体。

不过，被犬神附身并不一定全是坏事，如果家里有人在被附身后，及时地祭祀犬神，犬神会留下名为“犬神持ち”的东西给这家人。有了犬神持ち，你就是犬神的友人，想要什么都能得到。而且当你与人争吵时，心中强烈的恨意与愤怒将立刻传达给犬神，犬神会帮你去咬对头人。

犬神的操纵权一般由家族世代继承，继承人称为“犬神筋”。普通人在祭祀犬神时，一定要邀请犬神筋来主持仪式，倘若对他们不尊敬的话，就会遭遇灾祸。

入内雀

にゅうないすずめ

入内雀（にゅうないすずめ），又名人肉雀，是一种相当危险的怪鸟。它的蛋比人的毛孔还小，肉眼很难察觉，所以它通常把蛋下在人类身上，当幼鸟出生后，就以人的内脏为食，直到吃空五脏六腑才飞出人体。还有部分幼鸟并不飞出来，而是用人的肉体作为掩护，接近其他活人，进而把人杀死。

另有一种说法认为，入内雀是三十六歌仙之一的藤原实方，在被贬为陆奥守后，其郁郁不平的意念幻化。当时的陆奥十分荒凉，藤原实方从云端跌到谷底，心中苦闷难以纾解，最后失意死去，怨念纠结于魂魄中，化为麻雀。这雀经常飞入皇宫，啄食天皇的御膳。此外它还会吞噬农作物，造成饥荒。

《怪物画本》之入内雀 李冠光贤 绘

《新形三十六怪撰》之入内雀 月冈芳年 绘

木魅

こだま

“登高峰兮俯幽谷，心悴悴兮念群木。见樗栲兮相阴覆，怜椳榕兮不丰茂。”这首赋所颂的，就是木魅（こだま）。

日本人相信，山里的高龄树木具有灵性，经过年深日久吸收日月精华后，便会成精。木魅，又称树魅、木灵，就是高龄的老树变成的妖魅。它的外表与普通大树没什么两样，但实际上有灵魂住宿其中，具有不可思议的神通。如果有人打算把树推倒或弄伤，那个人乃至全村的人都会遭遇很大的灾难。因此木魅世代受到所在村落的保护，据说老人们都能以直觉识别出它。

鸟山石燕画笔下的木魅，是一对感情深厚的老夫妻，他们一起跨越岁月的风雨沧桑，白头偕老，令人感佩。

《怪物画本》之木魅 李冠光贤 绘

《怪物画本》之木魅 李冠光贤 绘

镰鼬

かまいたち

镰，即镰刀。鼬，一种身体细长、四肢短小的哺乳动物。镰鼬（かまいたち）是有着两只镰刀般的大爪子，如同鼬一样的妖怪。它一般出现在山洼处，走起路来就像突然刮起的一阵旋风，锐利的爪子伴着凛冽的山风，打在人身上，如刀割一样。风停后人们会发觉手脚上都是伤痕，伤口有时甚至会深及骨头。刚被割时，伤口既感觉不到疼痛，也没有流血，但过不多久，剧烈的疼痛就会袭来。

由于镰鼬善于驾驭风，所以它顺理成章地成了狂风的象征。在日本岐阜县，人们认为风中的镰鼬其实有三只。它们动作迅速，联手恶作剧：第一只先用狂风把人刮倒，第二只立即在人的大腿上割出伤口，再由最小的一只迅速给人涂上疗伤膏药，由于整个过程相当快，以至于人们产生错觉，以为是自己擦伤的。

人面树

にんめんじゅ

人面树（にんめんじゅ）生长在人迹罕至的密林深处，粗壮的树干分支出诸多树杈，树杈上开满花朵。盛开的花犹如人脸一般，默默无语，只是不停地微笑。笑过后，满树繁花便纷纷凋谢。接着，颗颗丰盈的果实露了出来。起初只是普通的果实，黄色、透着血红，越长却越奇怪，果实的表面开始凹陷凸起，渐渐有了形状，变成了五官的样子。眼是丹凤眼；鼻是高挺鼻；嘴唇似樱桃，耳朵如月轮。最后，每个果实上都浮现出一张清晰的人脸，在绿叶的簇拥下露出孩童般的笑面。

关于这不可思议的树，还有一个传说：江户时期有一名男子的心上人去世了，男子痛不欲生，寻找种种法子希望与恋人重逢。他听信邪鬼之言，将女子的头颅种入后院中。四十九日后，院内长出一树，百日之后树上开花、一年后结出果实。这罕见的果实竟然全部都是女子的人面，顿时轰动了江户城。官府认为这是妖孽作祟，派军队围剿妖树。男子苦苦阻拦无果，就狠下心放了一把火，与人面树一起悲壮地消逝于烈火中！

人面樹
山谷にありその花人の首のごとし
ものいはずしてたゞ笑ふことしきりなり
あまりわらへばそのまゝ
落花すといふ

人面树 鸟山石燕 绘

地震鲶

おおなまず

“鲶鱼闹，地震到”是日本的一句谚语。日本处于环太平洋火山地震带上，常年多发地震，时不时地地动山摇，是日本人永远的心头大患。这自然也投映到了妖怪文化中。

在古代，日本人就注意到了地震前鲶鱼的反常行为。民间传说乡村的泥沼水池中生活着一种土鲶，平时绝不动弹，打它踢它都不动，但只要它一动，就预兆着地震即将来临，因此日本人称之为“地震鲶”。后来这一传说升级到更高版本，传说日本民众普遍相信地球就是靠一条巨大的鲶鱼支撑着的，鲶鱼不高兴时，尾巴一甩，就造成了地震。著名的绘画形式“鲶绘”，描绘的就是人类对神鲶或搏斗或祭祀的场面。

歌川豊国笔下的地震鲶

歌川豊国笔下的地震鲶

铁鼠

てっそ

铁鼠（てっそ）又称赖豪鼠，是平安时代说书人最喜爱的题材之一。它的来历据《平安物语》所载：

白河天皇与皇后中宫贤子极其恩爱，他们迫切希望能得到一位皇子，无奈贤子多年不孕。天皇听说三井寺有个法力极灵验的僧人，叫赖豪阿阇梨，便将他招来，命其代为祈愿求子，并应允“事若有成，奖赏尽可由你说，无不恩准。”

赖豪阿阇梨回到三井寺，尽心尽意地祈祷了一百天，中宫果然有孕，于承保元年（1074年）生下了敦文亲王。天皇大悦，询问赖豪想要什么赏赐。赖豪答道：“望得天皇敕许，于三井寺建立戒坛。”

天皇正在兴头上，一时爽快，立即答应了，他却忽略了三井寺位于比叡山侧，天台宗延历寺即在此处。当时延历寺正与三井寺争夺天台宗宗主之位，如果建了戒坛，必然引发延历寺和三井寺的全面械斗，天台的佛法将就此衰败。天皇事后仔细一想，认为此事不妥，就反悔了。

赖豪阿阇梨闻得天皇收回成命，怒不可遏，喷血骂道：“皇子乃我费尽心力祈愿得来，如今天皇负我，吾将携皇子往魔道去矣。”语毕，七

《新形三十六怪撰》之铁鼠 月冈芳年 绘

日不进水米，绝食毙命。当晚，敦文亲王枕边出现了一个白发妖僧，握持锡杖站立在床前。天皇大惊不已，令比叡山僧侣祈福攘祸，但毫无效果，敦文亲王仍然在第二年就夭折了。

从此，天台宗完全分立，山门（延历寺）和寺门（三井寺）结怨更深。赖豪的怨气与愤恨化作八万四千只铁牙老鼠，直逼比叡山，一夜之间将延历寺的经文教典咬得稀烂。

鵼

ぬえ

在汉语中，鵼（ぬえ）这个汉字比较罕见，《广韵·东韵》云：“鵼，怪鸟也”。鵼在中国的时候，是一种似雉的巨嘴鸟，以树洞为巢。它善于判断人之善恶，善人一生都会得到它的保护，恶人则会被它用大嘴啄死。

鵼流传到日本后，被写成“鵺”，其形象也做了改变：鹰的利爪、虎的斑皮、乌鸦的体色、黑天鹅的翅膀、鳗鱼的尾巴，并且有着牛的力量（另有一说是：猿头、狐身、蛇尾、虎足）。它整夜整夜地发出不吉的悲鸣声，听到这种声音的人，会像中了毒气一样死掉。因此日本人认为鵺是不吉利的鸟。再加上“四不像”的形体，“鵺”这个字遂被用来比喻态度或想法都含含糊糊的人或事。

就是这么一个形象模糊的怪物，在日本历史上却多次出现，备受关注。一条天皇时，三十六歌仙之一的藤原实方，因为当殿与权臣藤原行成争吵，并将行成的冠帽掷于庭下，犯了大不敬罪，被贬为陆奥守，他郁郁不满，在998年含恨而死。然而，肉体的消逝却无法带走藤原实方的怨念。不久，日本全国各地都出现了猿首狐身、虎足蛇尾的怪鸟——鵺，它们像蝗虫一般到处啃食庄

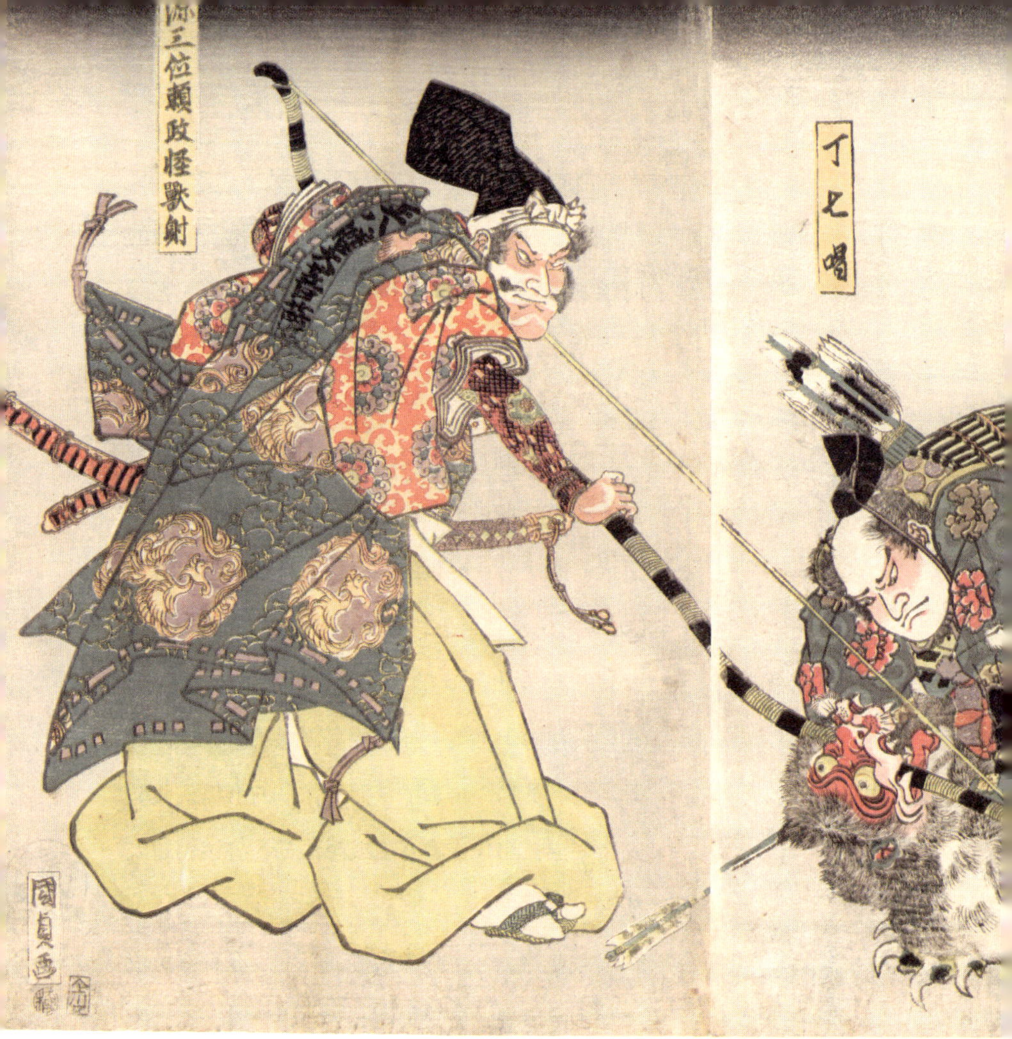

歌川国贞笔下的鵺

猪早太忠澄
国貞画
国貞画

稼，甚至肆无忌惮地啄食清凉殿上的御膳。

藤原实方死了整整五十五年后，鵺灾越闹越大。1153年，平安京皇宫突然被一大片黑云所遮盖。近卫天皇急忙召群臣商议对策，但是一切祈祷都没有作用，于是天皇派出了当时武勇第一的源赖政去降魔除怪。

赖政虽然英勇善战，但面对异界魔物心里也没什么底。在卫士的建议下，他先来到八幡神社祈愿，得到了一个“大吉”的卦象，由此信心大涨，整甲厉兵，昂然出征。

到了丑时时分，黑云又出现了，照样遮蔽在宫殿之上，赖政定睛一看，云团中现出无数鵺鸟的身影。它们从天而降，双眼圆睁、嘴巴大张，卷起阵阵旋风，来势极为凶猛。赖政弯弓搭箭，口诵“南无八幡大菩萨”的名号，一箭射去，将为首之鵺射了下来。可是，鵺的死尸又引起了瘟疫等传染疾病，人们便将其放入空舟，自淀河顺流而下，漂到了泽上江的渚。当地的村民唯恐大祸临头，虔诚地祭奠并将鵺的尸体埋葬，这里从此就被称为“鵺冢”。

芭蕉精

ばしょうのせい

在日本，芭蕉精属于“渡来妖怪”。其起源于中国，记载于《湖海新闻夷坚续志》等著作中。从前，某地遍布着芭蕉，有时会疯狂生长，延伸两三里地，宛如一片“芭蕉之森”。夜里，路人从这片芭蕉林中穿过，会遇到妖怪，这种妖怪被称为“芭蕉精”。据说，女人若看到芭蕉下出现的美少年，就会怀孕，而后产下鬼胎。也有传说若是从芭蕉繁茂的地带走过时，必须随身携带兵刃，否则会被芭蕉精袭击。

芭蕉精 乌山石燕 绘

八

人里之怪篇

泥田坊／袖引小僧／震震／日和坊／舞首／一反木绵／豆腐小僧／小豆洗／狂骨／火消婆／发切／烟烟罗／网剪／提灯小僧

所谓『人里之怪』，指的是在村、町、乡里等人烟稠密的聚居之地出现的妖怪。

泥田坊

どろたぼう

泥田坊（どろたぼう）是福井县传说已久的妖怪，主要分布于北陆一带。它居住在田地里，生前是个可怜的老农，没日没夜地辛苦劳作，好歹置下了一片良田。他的儿子却游手好闲，花天酒地，把田地全卖光了。老农操劳一生却一无所有，为此愤恨不已，死后化成了妖怪“泥田坊”。出于农民热爱土地的本性，泥田坊固执地守护着自己的土地。如果田间有人劳作时偷懒，它会突然从田地里钻出来，大声吆喝着提醒人们要勤于劳作。

泥田坊最明显的特征是原本眉下的两眼已经退化消失，但其眉间另外长了一只眼睛，类似于三目童子和二郎神的天眼。此外，它双手都各有三根手指，这三根手指，是五个手指（即智慧、慈悲、瞋恚、贫贪、愚痴）中的后三个，即缺失了良性的智慧和慈悲，只剩下后面三个恶性的象征。

根据福井县当地居民的说法，当深夜独自一人路经某些田地时，常会遽然发现田亩的正中央站着泥田坊漆黑的人影。这个黑影一边不停地喊着“还我田来！”一边向行人丢掷泥巴。这些泥巴相当腥臭，若是不幸被丢中的话，臭味至少持续两三天才能散去。

泥田坊 鸟山石燕 绘

袖引小僧

そでひきこぞう

在日本，“小僧”的意思是小鬼、小家伙。引，是拉、拽之意。袖引小僧（そでひきこぞう），就是拉袖子的小鬼。它属于幽灵族的一种，头大身子小，常出没于琦玉县附近，是个喜欢恶作剧的妖怪，琦玉县的居民几乎无人不知它的大名。黄昏时分，如果穿着和服或者浴衣走在偏僻小路上，四周又悄无一人，被袖引小僧戏弄的可能性就相当大。这时你会突然感到衣袖被人从后面拉了一把，但转过头却又看不见任何人的踪影，继续走的话，又被拉，转身看，依然没人……这都是神出鬼没的袖引小僧捣的鬼，它最喜欢看人们被自己捉弄得疑神疑鬼的慌张表情。

袖引小僧的前身是一个没有多少朋友的寂寞小孩，所以在外玩耍不回家的小朋友要是遇到了袖引小僧，小僧就会从背后强拉住小朋友的衣袖，口口声声哀求说：“来陪我玩嘛。”小朋友可得赶紧回家了。

震震

震々

震，震动；震震，形容因寒冷、害怕等原因而哆嗦震颤的样子。不过，震震并不是自己哆嗦，而是吓唬人，让别人哆嗦。人们遇到恐怖的事情会胆怯、浑身颤抖、起鸡皮疙瘩，就是由于震震的存在而导致的。由此可见，震震其实就是“瘪症神”，利用人类的恐惧心理来作祟。它常常出没于墓地、荒郊、洞穴等令人不寒而栗的地方，出现时带着无限怨恨的表情，用冰冷的手指抚摸人的脖子或后背，把人吓得半死。

震震分雌雄两种，雄性震震会从女性的衣领处钻到衣服里面，受到侵袭的女性，身体将变得冰凉，直至背过气去；而雌性震震专门攻击男性，它浑身雪白，近乎透明，半浮在空中，长发呈碎波浪状。一旦认定某人是胆小鬼，它就会钻入那人的体内，伸出纤细冰凉的手，抚摸此人的后脊梁，被吓的人往往心胆俱寒，惊恐不已。

震震 歌川豊国 绘

日和坊

ひよりぼう

相传在日本茨城，有一个妖怪叫日和坊（ひよりぼう），长得似布偶一样，有一个像太阳的圆圆大头，脸色红红的。只有在晴天时，它才会出现。村民们每次遇到日和坊，就知道数日之内必定都是晴天了，比天气预报还准。

本来晴天对人们心情的影响是良好的，不过物极必反，古人多从事农耕，时常需要雨水滋润田地，如果连续十天半月都能见到日和坊，就说明连续数月都不会下雨了！所以有时候日和坊也被看成是旱灾妖怪。

日和坊 鸟山石燕 绘

舞首

まいくび

镰仓时代中期，神奈川县有三个落魄的武士相约到小酒馆喝酒，他们平时虽然要好，但经常喜欢为一些小事争执半天。这天，不知为了什么他们又吵了起来，三人都已经喝了不少酒，借着酒意，越争越气，肝火乘着酒势越烧越烈。初时还仅是口角，后来便拔出刀互斩起来，从酒馆打到海边，结果三败俱伤，三颗头颅都落了地。这三个被砍下来的头掉进了海里，头发纠结缠绕，捆成一体，化成了妖怪“舞首”（まいくび）。

此后每逢涨潮之夜，波涛汹涌，浪声中依稀还能分辨出三个鬼头彼此斥骂的声音。

舞首 竹原春泉斋 绘

一反木绵

いったんもめん

“反”，是日本量度面积的单位，以长度而言，“一反”大约有十一米。“木绵”即棉花，这里指的是以棉花制成的棉布。“一反木绵”（いったんもめん）就是一块长达十一米左右的棉布妖怪。

一反木绵能在空中飞行，据称只要有人在夜间独自行路，它就会无声地飘忽而来，然后突然缠住人的脖子，使人窒息而死；或是卷起人的身体迅速飞上半空，再重重摔下。其身体质地奇特，用刀枪之类的利刃加以物理攻击，不能伤其分毫。唯有用黑铁浆染黑的牙齿，才可以把它咬开，因此，一反木绵出没频繁的地区，男性都有染黑齿的习惯。

一反木绵 土佐光信 绘

豆腐小僧

とうふこぞう

豆腐小僧（とうふこぞう）来自鹿儿岛，模样是个头戴大圆盘斗笠、身穿和服的小和尚。他的头部四四方方，异常地大，脚却只有两趾。别看他表面上和蔼可亲，其实是个非常乖僻阴险的妖怪呢。每逢清晨，他便手捧一盘可口的豆腐站在大道上，友好地劝路过的人们吃豆腐，那样子特别诚恳。如果有人抵不住美食的诱惑，吃了那豆腐，身体里就会长出霉来！

豆腐小僧 佚名 绘

小豆洗——あずきあらい

小豆，就是红小豆。在日本各地的河边或桥下，人们常会看到一位身着黑衣的怪婆婆，弯着腰，在“沙沙沙”地淘洗着红豆。不过其大而圆的眼睛并没有看着红豆，而是瞪着远方，似乎期待着什么人的到来。有时她还会龇牙咧嘴，唱起“是洗赤豆呢？还是吃人肉呢？”的歌谣。她就是妖怪“小豆洗”（あずきあらい），也有人叫她“洗红豆婆婆”“筛赤豆婆婆”“小豆磨”等。

其实，“小豆”是个相当庞大的妖怪族群，相互之间的界定和区别并没有太严格的区分，目前比较常用“小豆洗”或“小豆婆”来作为这个族类的形象代表。一般情况下，小豆婆属于好妖怪，不但不会危害人类，还会将所磨的豆子做成红豆饭送给饥饿的人们吃。但是，如果有人试图从正面去看小豆婆长相的话，就会被其抓住，然后用筛子磨成肉粉吃下去。她身边的赤豆桶里放着一根孤拐棒、一个笊篱，既用来洗赤豆，又用来杀人。

另外，在大多数的文学作品中，对于小豆洗的来历，都认为是失恋的女孩在河边带着怨恨洗红豆，因为怨念积累甚重，女孩的身体化成了无数的红豆，红豆逐个散裂开来，又都化为浓浓的血水，血水蒸发后所形成的怨气，最终便聚集成妖怪小豆洗。

あづき洗い

山寺の小僧谷川に行て

あづきを洗ひ居る所

一匹内儀の坊主

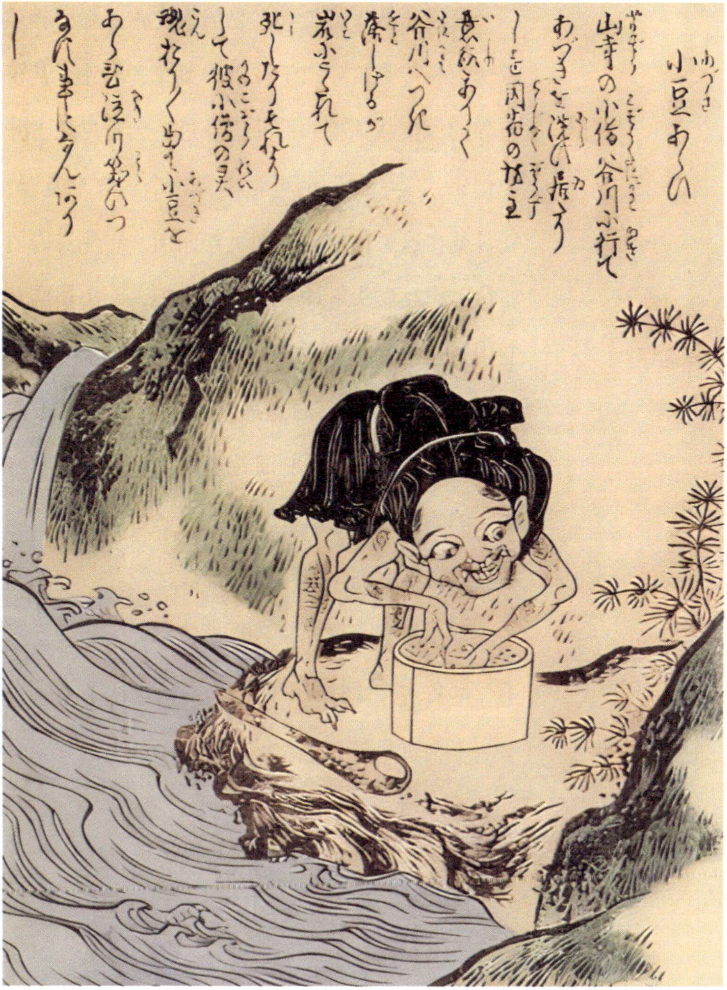

狂骨

きょうこつ

狂骨（きょうこつ）是居住在古井里的骨骸妖怪，相传是被弃尸于井中的冤死者所化。若在寂静的深夜从荒凉的古井边经过，会听见从古井中传来“嘎嘎嘎”的可怕声音，令人寒毛直竖，狂骨就在这恐怖的声响中飞舞而出。它浑身以白布包裹，骷髅头下挂着单薄的骨架，一边浮荡在空中，一边对路过的行人轻声说：“喝水吧！快喝水！”如果照它的意思喝了水，便可无事离去；如果拒绝的话，狂骨浑身的骨头便发出“格格”的响声，接着跳起狂舞，看了舞蹈的人，如中邪魅，将立刻疯狂并投井自杀。

日本著名小说家京极夏彦曾以此为题材，写了一部名为《狂骨之梦》的长篇小说。

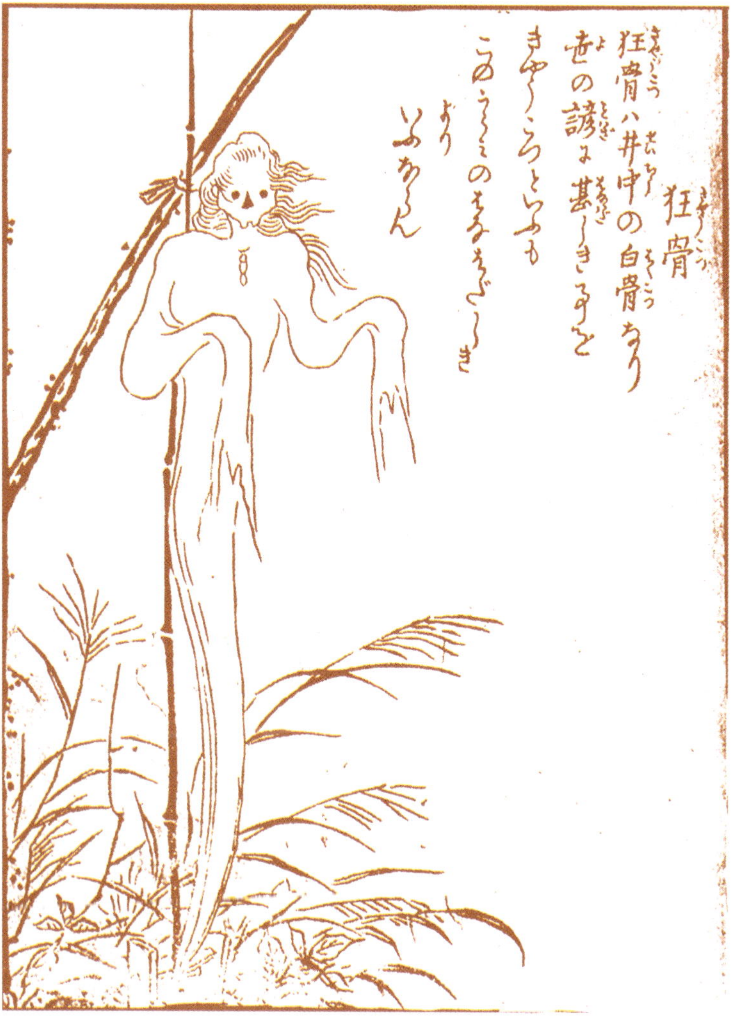
狂骨
狂骨ハ井中の白骨なり
世の諺に甚しきことを
きやうこつといふも
このうらみのはなはだしき
よりいふならん

狂骨 鸟山石燕 绘

火消婆

ひけしばばあ

火灾发生的原因多种多样，有自然的因素，也有人为的结果，但并不是所有火灾都能找到源头。有些莫名其妙的火灾，常常超出人类知识的范畴，这类火灾一概被归诸为神的无名怒火，称为“不知火”，只有“火消婆”（ひけしばばあ）才能控制不知火的火势。在民间传说中，无论多大的火势，只要火消婆出现并吹上一口气，就能立刻熄灭。

《怪物画本》之火消婆 李冠光贤 绘

发切

髪切り

发切是出没于理发店的妖怪，它的双手和嘴部，均呈利剪型，相当锋利。它最拿手的小把戏是趁人理发时，偷偷溜到身后将人们的头发剪下来，令人的头发变得稀稀落落、斑秃不平。

发切 佐胁嵩之 绘

烟烟罗

えんえんら

人烟稠密的地方，总有各种烟：炊烟、香烟、烟雾、烟花、烟尘……烟烟罗（えんえんら）就是一种寄身于烟的妖怪，由于烟缥缈无形，随风变幻，所以烟烟罗也可以幻化成各种形态。它最常出没的地方是灶间、篝火、烟斗上，出现后会让人视线模糊，面前朦胧一片。不过烟烟罗纵有一身的变化，却什么具体的事情也做不了，只能凝成一股薄薄的烟，笼罩在天地间。

烟烟罗 鸟山石燕 绘

网剪

あみきり

网剪（あみきり），又名剪刀怪、网切，身体像虾糠一样弯曲，有着鸟喙般尖尖的嘴，以及螃蟹一样强而锋利的大螯。这对前肢上的巨螯，极具攻击性，是网切赖以生存的利器。

网剪的前身是贫家女孩使用的剪刀，古人认为“身体发肤受之父母”，不能轻易舍弃，特别是女孩子的头发，就如生命一样宝贵。但也有一些女子为生活所迫，不得已剪下自己的头发拿去卖，以此换取生活费。她们边哭边剪下自己的头发，泪水滴在剪刀上，凝聚悲哀与怨恨的剪刀便化成了妖怪“网剪”。

相传网剪能够在空中自由自在地飞翔，没有人的时候，就四处划剪渔夫用的网、民家洗完晾在外头的衣服等，以此试验自己的刀锋还利不利。特别是在蚊虫肆虐的炎热夏季，网剪还会潜入卧室用大螯将蚊帐剪破，让蚊子可以从破漏的洞中钻进去吸取人血，此等行径可谓颇为神经质。

出于嫉妒心理，网剪也时不时地窥视有钱人家的千金小姐，将她们的头发剪掉，直到她们成为光头为止。

网剪 鸟山石燕 绘

提灯小僧

ちょうちんこぞう

提灯小僧（ちょうちんこぞう）是宫城县传说中的妖怪，其形象有两种，一是手持灯笼、面色赤红的十二三岁少年模样；二是人灯一体，“头即为灯”的形象。

提灯小僧常出没于仙台的城下町，每逢下雨时，他就会从夜路的后方跑来，超越行人，而后突然停步，又返身跑回，就这样反复来回地奔跑数次，而后消失不见。

提灯小僧对人类并无危害，但传闻他出现的地方，会发生杀人事件。

江户城本所也有提灯小僧的传说，只是此地的提灯小僧不单是前后折返跑动，也会围绕在行人左右及身边跑动，行人要是追他，他就会迅速消失不见。

提灯小僧 佚名 绘